職場の問題地図

「で、どこから変える？」

残業だらけ・休めない働き方

沢渡あまね

技術評論社

はじめに

なぜ、日本の職場の生産性はいつまでたっても低いままなのか？

日本の労働時間の長さと生産性の低さが問題視されています。「このままではダメだ」と企業や自治体はこぞって「ワークライフバランス」を唱え、定時退社日の設定、残業時間の制限、有給休暇取得促進などの施策に力を入れ始めました。

それにもかかわらず、残念ながら私の周りのビジネスパーソンから聞こえてくるのは、こんなため息交じりの声ばかり。

①定時で帰っているのは一部の部署だけ。皆、相変わらず夜遅くまで残業している。
②もっと仕事したいのに、無理やり帰らされてモチベーションダウン。
③終わらない仕事が日に日にたまっていく……
④仕事の品質が下がり、クレームの嵐。
⑤やりかけの仕事が気になって、むしろストレスフル。

⑥他人に構う余裕がなく、会話がなくなった。
⑦「残業するな」と上司がうるさいので、帰ったことにして家で仕事している。
⑧定時退社日以外の日の残業が増えた。カンベンしてほしい。
⑨残業はすべて管理職が肩代わり。管理職はいつもゲッソリ。
⑩裁量労働制……お金にならない残業が増えただけ。

いかがでしょうか？

この中の1つでも当てはまると思った人、ぜひこの先を読み進めてください。あなたの勤務先のワークライフバランスは、単なる言葉遊びにすぎないかもしれません。そして、このだれも幸せにならない悲しい状況を、少しでもあなたに変えてほしいと願っています。

そもそも、なぜこんな空しい〝ワークライフバランスごっこ〟が繰り広げられているのでしょうか？「ワークライフバランス向上」の名の下に行われる、2つの代表的な施策を例に考えてみましょう。

①残業を減らせ！

定時退社日の設定。残業時間の上限設定。裁量労働制の導入。多くの企業が、いずれかに着手します。そして、見た目の労働時間は減ります。

しかし、それだけやってもワークライフバランスは良くなりません。仕事の量は変わらない、仕事のやり方が変わらない、社員の能力も変わらない。それを無視して、制度だけを導入したところで、うまくいくはずがないのです。

もちろん、各職場での仕事のやり方の工夫や改善を促す効果もあるでしょう。しかし、多くの職場では仕事のやり方そのものが属人化している。工夫や改善は個人任せにせざるをえない。課長から「来月から残業ダメだからね。よろしく。とにかく、なんとかしてね」と言われて、以上！　結局、「個人の気合と根性でなんとかしてください」の世界はなんら変わらないのです。

残業時間や総労働時間は、結果でしかありません。結果だけの数字に着目して、仕事のやり方や組織のスキルなどのプロセスに目を向けない。これ、何の意味があるのでしょう？　労働時間削減は、人事部門だけの空回り、自己満足に終わっていませんか？　現場はフラストレーションを溜める一方。そうならないために、現場のあなたはどうすべきでしょうか？

②コミュニケーションを改善しよう！

次によく語られるのが、コミュニケーションの問題。

「うちの部署はコミュニケーションが弱い」
「当社はコミュニケーションに問題がある」

こう漏らす管理職の多いこと、多いこと。

形だけの残業規制を強いても、職場の問題は解決しない。ほんとうの意味でのワークライフバランスは向上しない。そこで、「コミュニケーションがネックではないか」と気づいてメスを入れる。そこまではいいのです。ところが、多くの場合、その対策がとても残念。

「プレゼンテーション能力強化のための研修をします」
「管理職研修をおこないます」

以上。

え、え、本当にそれで以上ですか？

断言します。社員のプレゼンテーション能力をいくら鍛えたところで、コミュニケーションは良くなりません。半日や1日程度の管理職研修で、劇的にコミュニケーションが良くなる？　そんなうまい話はない。

いや、わかるんです。

「コミュニケーションの問題はとても複雑で根が深い。なので、せめてやりやすいところから、目に見えそうなところから手をつける。だから、プレゼンテーション研修や管理職研修を実施しよう」

よくわかります。しかし、たかだか1回や2回の研修だけをやっても意味がありません。プレゼンテーション能力だけを評価するのであれば、ベテランよりもむしろ新入社員のほうが優秀です。

私は毎年4月に企業の新入社員研修の講師をしています。新入社員のプレゼンテーション能力は、年々高くなっていると実感しています。学生時代から、ゼミやサークル活動でパワーポイントを使った発表や提案に慣れているためです。私は、おそらくあと数年もすれば、新入社員にプレゼンテーションの研修なんてする必要がなくなるのではないかと思っています。それほど、最近の若手のプレゼンテーション能力は高いです。

ところが、そんな優秀な彼らが、2年もすると、もの言わぬ、消極的な社員になってしまう。その結果、上司に「うちの部署はコミュニケーションが弱い」と言わしめる。それはなぜか？

ここにも、個人依存の構造が見え隠れします。

研修は、所詮個人のスキル強化にすぎません。それも大事ですが、個人のスキルアップだけでは、仕事のやり方は良くならない。むしろ、日々の報連相のやり方や会議の進め方などのプロセスを見直すほうが大事です。極論すれば、プレゼンテーション能力が低い人同士でも意思疎通しあえる仕組みづくりや場づくりが重要。そのうえで、個人のプレゼンテーション能力が高ければ鬼に金棒。優秀な人材がさらに輝きます。組織のプロセスづくりをすっとばして、個人のスキルだけ高めようとするからうまくいかないのです。

「プレゼンテーション能力の高い営業マンが辞めたとたん、売上がガタ落ちした」なんて話を聞いたことがあります。個人のスキル依存は、組織のリスクなのです。

制度や個人スキル強化の施策は進んできているものの……

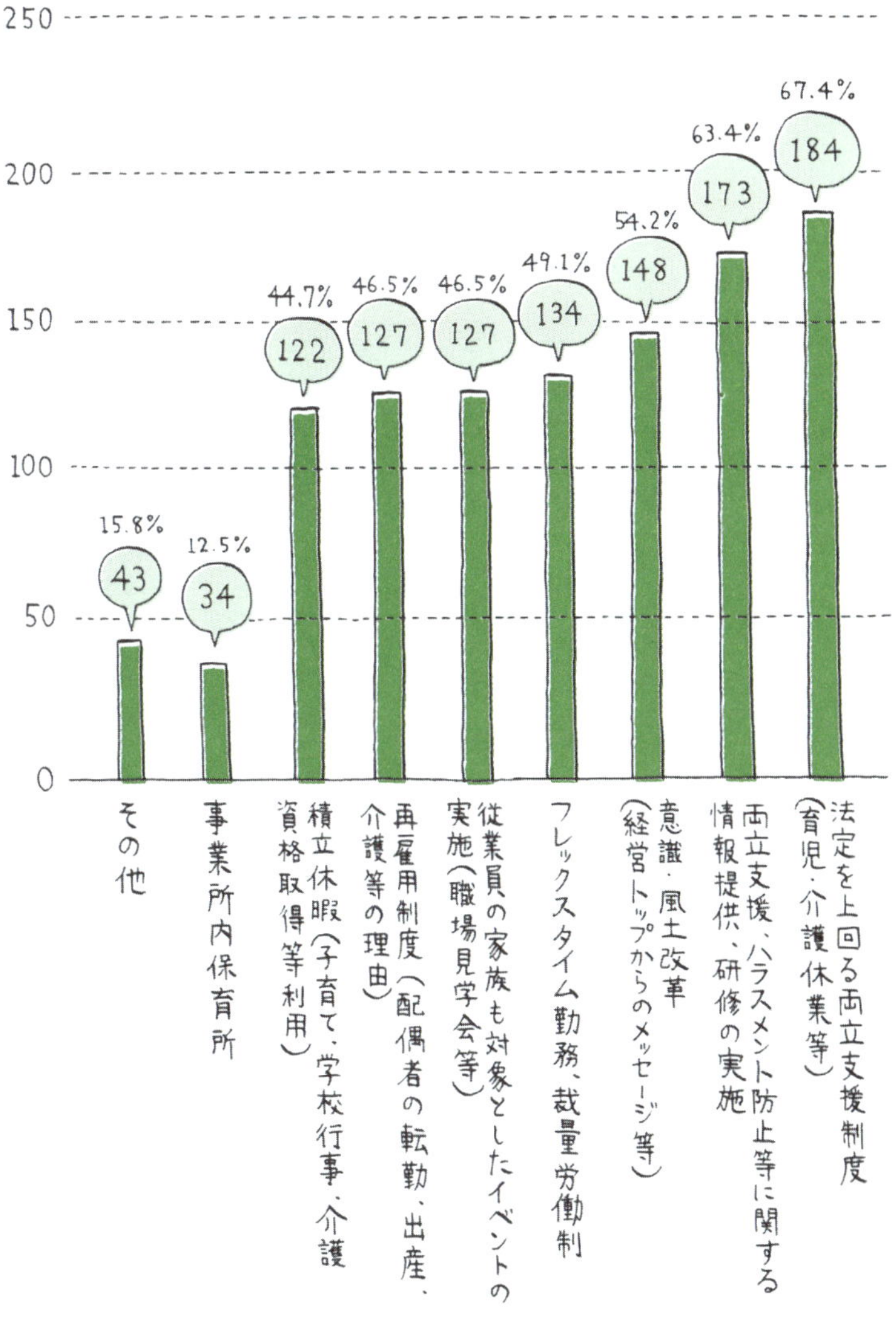

出典：日本経済団体連合会「ワーク・ライフ・バランスへの取組状況」2015年9月30日

さて、もうお気づきでしょう。残業規制のような「制度」と、研修のような「個人スキル」の強化だけでは不十分だと。それは、あなたの職場の根本的な問題に蓋をしたまま、そこで働く個人の気合と根性にひたすら頼っている脆弱な状態なのです。

それが続くとどうなるか？　どんどん個人が疲弊します。潰れ始めます。ご存知のとおり、メンタルヘルス不調者の数は、年々増加の一途をたどっています。少子高齢化が進む日本、いったいどうなってしまうのか⁉

では、私たちはどうしたらいいか？

制度面とスキル面以外にも目を向けた、根本的な改善策を打たなければダメです。具体的には、「制度」「プロセス」「個人スキル」「場」の4つの観点で、あなたの職場の問題点を洗い出し、できるところから良くしていきましょう。

いま日本の多くの企業で取り組んでいるのは「制度」と「個人スキル」の強化のみ。そして、その2つが個人に依存している状態です。これを組織の問題としてとらえて、解決するにはどうしたらいいか？

この本は、その答えをあなたと一緒に探すために生まれました。

本書では、私が過去に勤務した4つの会社（いずれも日系大手企業）と30以上の日本の企業の現場で見聞きしてきた「あるある」事象を網羅し、「職場の問題地図」を描きました。

☑ 4つの観点で職場の問題点をとらえよう！

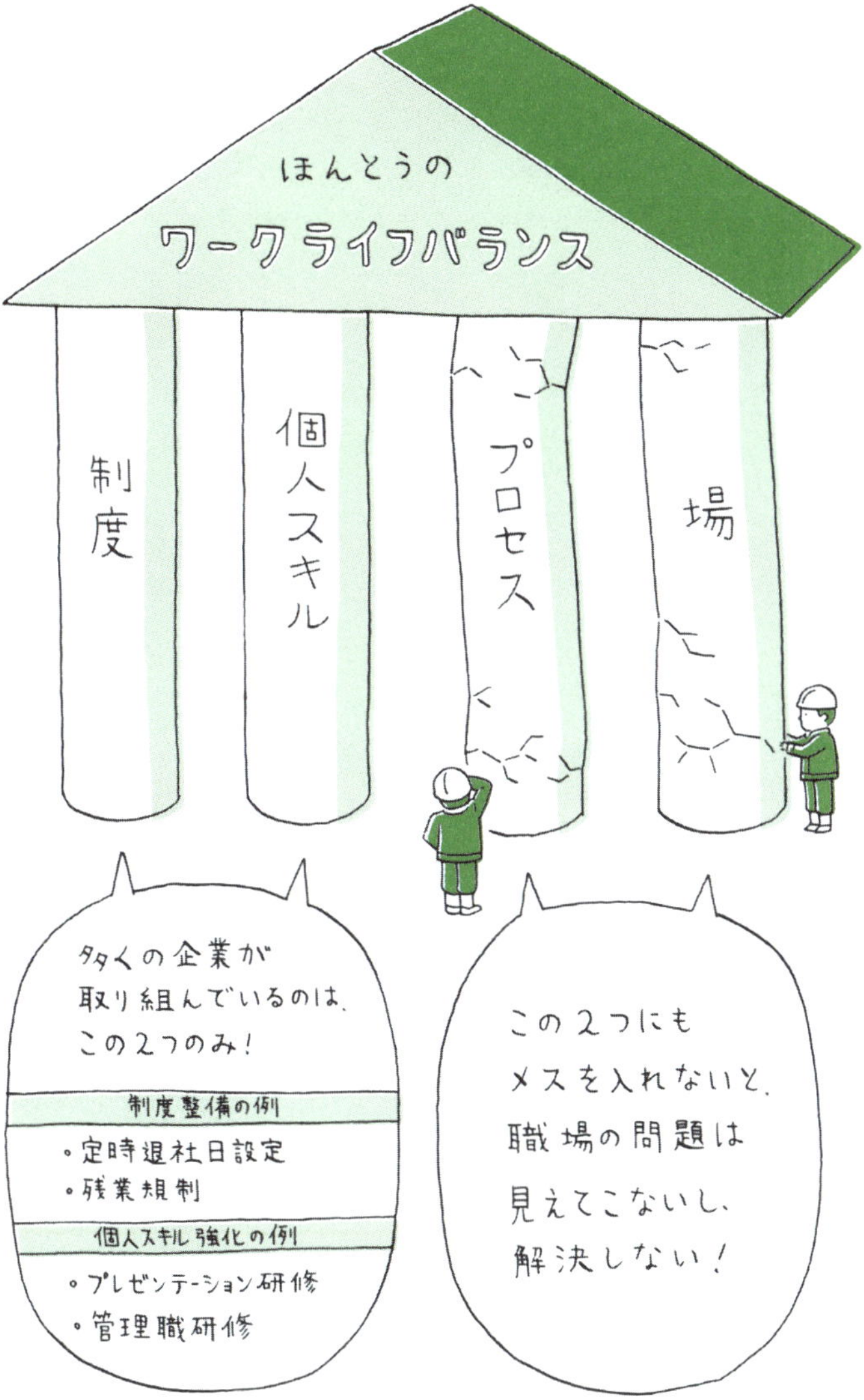

「制度」「プロセス」「個人スキル」「場」の4つの問題点を浮き彫りにし、「なぜ職場が残業だらけのままなのか？」「ほんとうのワークライフバランスを実現するためには何をしたらいいのか？」をとことん「なぜなぜ」分析します。

もちろん、全部がぜんぶ、あなたの職場にキレイに当てはまらないでしょう。なぜなら、同じ環境の職場は2つと存在しないからです。本書の問題地図を、あなたの職場に照らし合わせて、「これはウチの職場にも当てはまる」と思うものを拾ってください。そして、改善策を1つでも多く試してみてください。

この本は、あなたの会社から〝ワークライフバランス〟なる空しい言葉をなくすためにあります。

1億総活躍の社会を、1億総疲弊の社会にしないために！

CONTENTS

6丁目 属人化

7丁目 過剰サービス

8丁目 「何を」「どこまでやればいいのか」が曖昧

9丁目 仕事をしない人がいる

10丁目 だれが何をやっているのかわからない

11丁目 実態が上司や経営層に伝わっていない

職場の問題地図

BUS

1丁目

手戻りが多い

行先

「残業だらけ」の職場

「休めない」職場

「ううん。どうも思っていた僕のイメージと違うんだよな……。このグラフは、折れ線じゃなくて、棒グラフにしてもらえる？　あと、考察のコメントは3つに絞ってほしい。それと、フォントはもっと大きく。はい、やり直し」

「この提案書の個人情報保護法リスクのくだり、法務部に確認とった？　素人が勝手に判断して書いちゃダメだよ」

「あ、ごめんごめん。じつは部長の意向が変わってね。データは月別ではなくて、日別に出してほしいそうだ」

「えー、ここまで細かくなくてもよかったのに……。藤森さんが先月出してくれた報告書あるじゃない。あんな感じでまとめてほしいんだよね」


こんな手戻りは、「残業だらけ」の職場、「休めない」職場を生む原因の1つです。手戻りは、業務効率だけでなく、働く人のモチベーションも大きく下げます。「やっとひと仕事終わった！　解放される！」と思ったら、まさかのやり直し。これが金曜日の夕方だったとしたら？　ああ、イヤだ嫌だ。指示する上司も、やり直すあなたもアンハッピー。そんな賽の河原の石積みのごとき光景が、今日もあなたの職場で繰り広げられていませんか？

なぜ、手戻りが発生するの？

手戻りが発生する原因は、大きく4つです。

①いきなり100点をとろうとする
②状況の変化に対応できていない
③仕事のやり方や品質がバラバラ
④レスや判断が遅い

①いきなり100点をとろうとする

「期限ギリギリに資料を提出して、上司からダメ出しを喰らった」

手戻りの多い職場を観察していると、このパターンに陥っている人が多いことに気がつきます。

仕事を受けたタイミングで成果物のイメージ合わせをしないばかりか、そのまま自分のやり方とペースで突っ走る。そして、期限ギリギリに提出。「うん、いい出来だ。100

☑ 手戻りが発生する原因

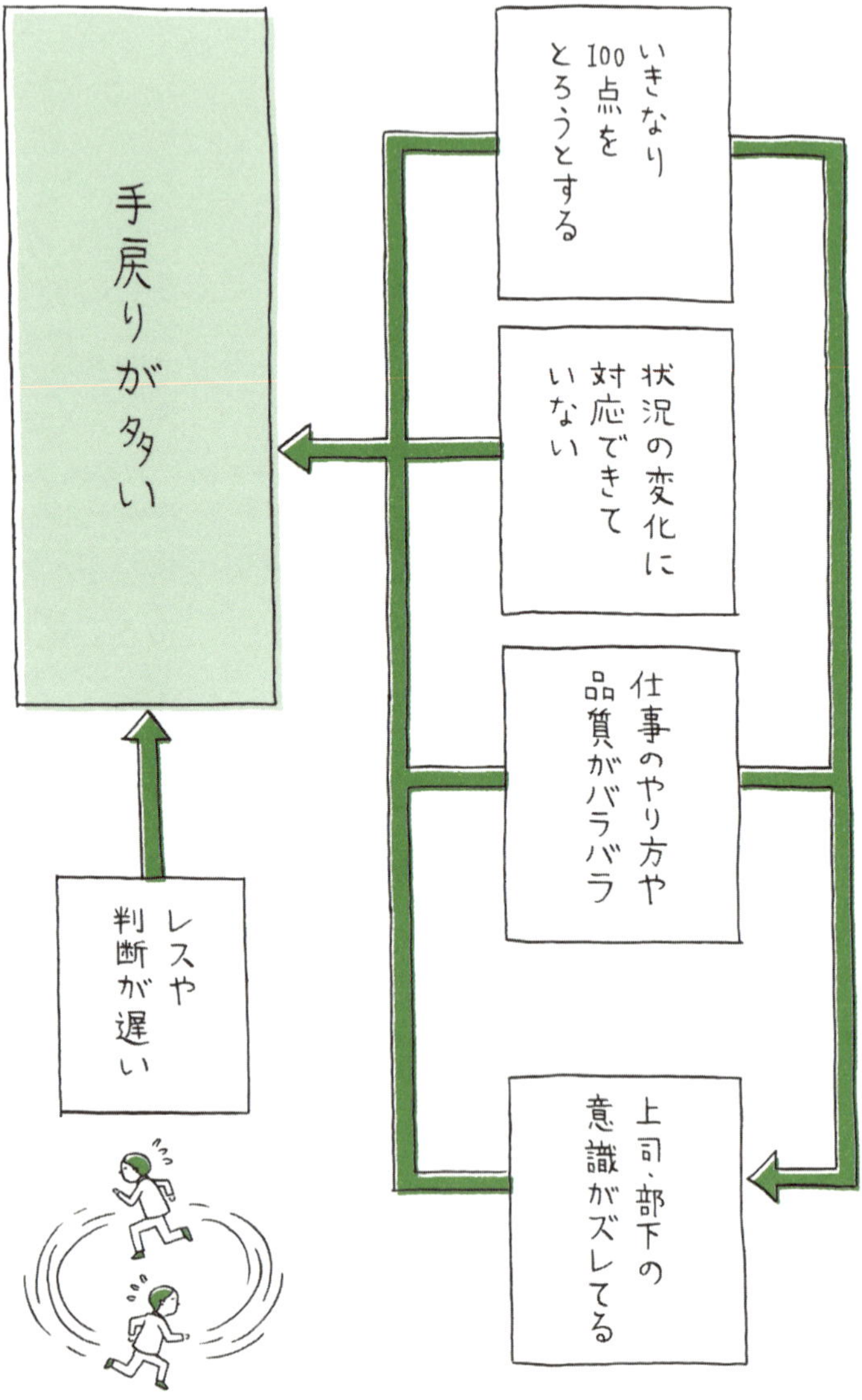
手戻りが多い
いきなり100点をとろうとする
状況の変化に対応できていない
仕事のやり方や品質がバラバラ
上司、部下の意識がズレてる
レスや判断が遅い

点満点だ！」……と思っているのは自分だけ。上司からはダメ出しの嵐。結果、最初からやり直す羽目になった。ちゃんちゃん。

②状況の変化に対応できていない

「やっぱり、事業部長はグラフも見たいんだってさ。悪いけど、報告資料の構成、変えてもらえる？」

「参加者が増えたので、大きめの会議室を手配し直してもらえる？」

仕事の目的や成果物は不変とは限りません。むしろ、変わらないほうが稀と言っていいでしょう。その変化をいかに早く察知し、かつ上司と部下の間で共有するか？　これも仕事の手戻りを最小限にとどめるためのポイントですが、それがなかなかできていないものです。

③仕事のやり方や品質がバラバラ

「あれ、先月あなたからもらった報告書と項目が違うけれど、何で？　前のほうが良かったなぁ……」

「なんで牧野さんと書き方が違うの？　牧野さんみたいな体裁で書き直してよ」

その都度、あるいは人によって、成果物の内容や品質がバラバラ。これでは成果物を受け取る相手も大変ですし、なにより作業効率も悪いですよね。毎回イチから考えて、イチから作る。手間も時間もかかります。

この3つは、上司と部下との意識がズレている状態を生みます。上司と部下の間で、仕事の完了状態のイメージが合っていない。意識ズレは手戻りを発生させる原因ナンバーワンといっても過言ではありません。加えてもう1つ、手戻りを発生させる大きな原因があります。

④レスや判断が遅い

たとえば、他部署のAさんから打ち合わせの依頼のメールを受け取ったとします。

他部署のAさん「打ち合わせをいたしたく、次の3つのうち、ご都合のよい日程をご回答ください。①10月18日（火）10：00～12：00　②10月19日（水）15：00～17：00　③10月21日（金）13：00～15：00」

あなたは、そのままこのメールを放置してしまいます。3日たってやっと回答。

あなた「それでは、②10月19日（水）15：00〜17：00でお願いします」

ところがAさんからの返事は……

他部署のAさん「すみません。すでに別の会議で埋まってしまいました。あらためて候補日程を調整しますので、お待ちいただけますでしょうか？」

はい、手戻り発生！　Aさんは再度、関係者のスケジュールを確認し、会議室を確保し、候補の日程をあなたに連絡しなければなりません。

この一連の面倒な作業は、Aさんのみならず、ほかの出席者など、多くの人の手戻りを生んでしまいます。

あなたが最初のメールを受け取った後、速やかに判断してレスをしていれば、この手戻りは防げました。判断を保留にしている間、どんどん時間は流れます。そして状況は変わります。

「スピーディ」

それは相手の時間に対する思いやりであり、手戻りをなくすポイントでもあります。

ところで、あなたや上司のレスや判断を遅くしている原因ってなんでしょうね？

ちょっと胸に手を当てて考えてみてください。

手戻りは上流で防げ！～成果物のイメージ合わせと報連相設計がカギ

なかなかなくならない手戻り。少しでも減らすためには、どうしたらいいでしょうか？

「テレパシーを身につける」

最も確実な方法です。これができれば、相手との意識ズレは防ぐことができます。しかし、残念ながらこれはだれもが身につけられる能力ではありません（私もその能力は持ち合わせていません)。

「いきなり100点をとろうとする」「状況の変化に対応できていない」「仕事のやり方や品質がバラバラ」「上司・部下の意識がズレてる」この4つは、じつはまとめて解決できるものです。テレパシーなんて身につけなくても大丈夫!

ポイントは、仕事に着手する時の成果物のイメージ合わせと報連相の設計です。ここでは、次の2つを押さえましょう。

①ポンチ絵を描く
②報連相のタイミングを設計・合意する

①「ポンチ絵」を描く

あなたは「ポンチ絵」という言葉を聞いたことがありますか? 製造業でよく使われる言葉で、機械などの製図の下書きのイメージ図、かんたんにいえば、「ささっと手描きしたラフ絵」です。

ポンチ絵は、手間をかけずに相手と成果物のイメージを合わせるための大変有効な手段です。必要なのは、紙とペンとほんの少しの絵心のみ。

たとえば、仲良し5人で、友達の1人・京子ちゃんの誕生会を企画することになったとしましょう。あなたはケーキを作る係です。その時、1人で突っ走ってしまうと……

「ええ〜、円形にしたの？　ウェディングケーキみたいな四角のケーキがいいと思ってたんだけどな」

「あ、キウイ入れちゃったんだ……。京子ちゃん、たしかキウイ苦手じゃなかったっけ？」

「生クリームのケーキなんだ。余ったケーキを持って帰って娘に食べさせようと思ったんだけれど……うちの娘、チョコケーキしか食べないのよね……」

こんなことになるかもしれません。そして……

「悪いんだけれど、まだ時間あるから作り直してもらえる？」

最悪、こんな事態になるかもしれません。いままでの時間と努力は何だったんだ……。

もし、

「こんなケーキにしようと思うんだけれど、どうかしら？」

とあなたが最初にささっと紙にポンチ絵を描いて、ケーキの完成イメージを仲間と意識合わせしていたら？　手戻りは防げたでしょう。

これをあなたのお仕事に当てはめてみると……

・上司から資料作りを依頼された。すぐにパワーポイントの完成イメージ（レイアウト）をポンチ絵にする
・大きな会議の会場設営を頼まれた。会場のレイアウトをポンチ絵にする
・マニュアル作成を部下に指示する。目次の項目と、図表とテキストの配置イメージをポンチ絵で示す

など、さまざまなシーンでの応用が考えられます。

絵でなくても、たとえば前任者が作った過去の資料や写真など、具体的に相手とイメージ合わせしやすいネタがあればそれを持ってきてイメージ合わせするのもいいですね。

仕事を受ける時・指示する時は、成果物のイメージをすぐ合わせる。

それを習慣にしましょう。

②報連相のタイミングを設計・合意する

32ページと33ページの2つの図を見てください。いきなり100点を取ろうとする人は、最後に逆転さよならホームランを狙う感じ。ところが、残念ながら満塁ホームランなんてそうかんたんには打てません。その結果、場合によっては最初からやり直し。

このパターンは、手戻りの幅が大きいのが特徴です。当然ながら、その分残業時間が増えます。また、ダメ出しを喰らう部下のショックも大きいです。仕事の成果を全面否定されかねないですから。

逆転さよならホームラン狙いは危険です。相手とすり合わせしながら着実に100点に近づける仕事の進め方をしましょう。

仕事を受ける段階で、成果物のイメージを相手と確認すると同時に、「いつ、どのタイミングで、何を報連相するか?」すなわち、報連相のタイミングを相手と合意しましょう。

たとえば、先のバースデーケーキ作りの例では……

・ポンチ絵を描いて
・材料とデコレーションを仲間に見せる
・スポンジが出来上がった段階で仲間に見せる
・クリームが塗りあがったら仲間に見せる
・最後にデコレーション

こうしていたらどうでしょう？　大きな手戻りは防げたに違いありません。

仕事の手戻りを防ぐためには、成果物のイメージを合わせと報連相の設計が重要。それは、個人スキルを強化すればどうにかなるものではなく、仕事の進め方の習慣、すなわち組織のプロセスの問題です。あなたの職場では、個人のスキルだけで仕事を回そうとしていませんか？

☑ いきなり100点を取ろうとする人の行動

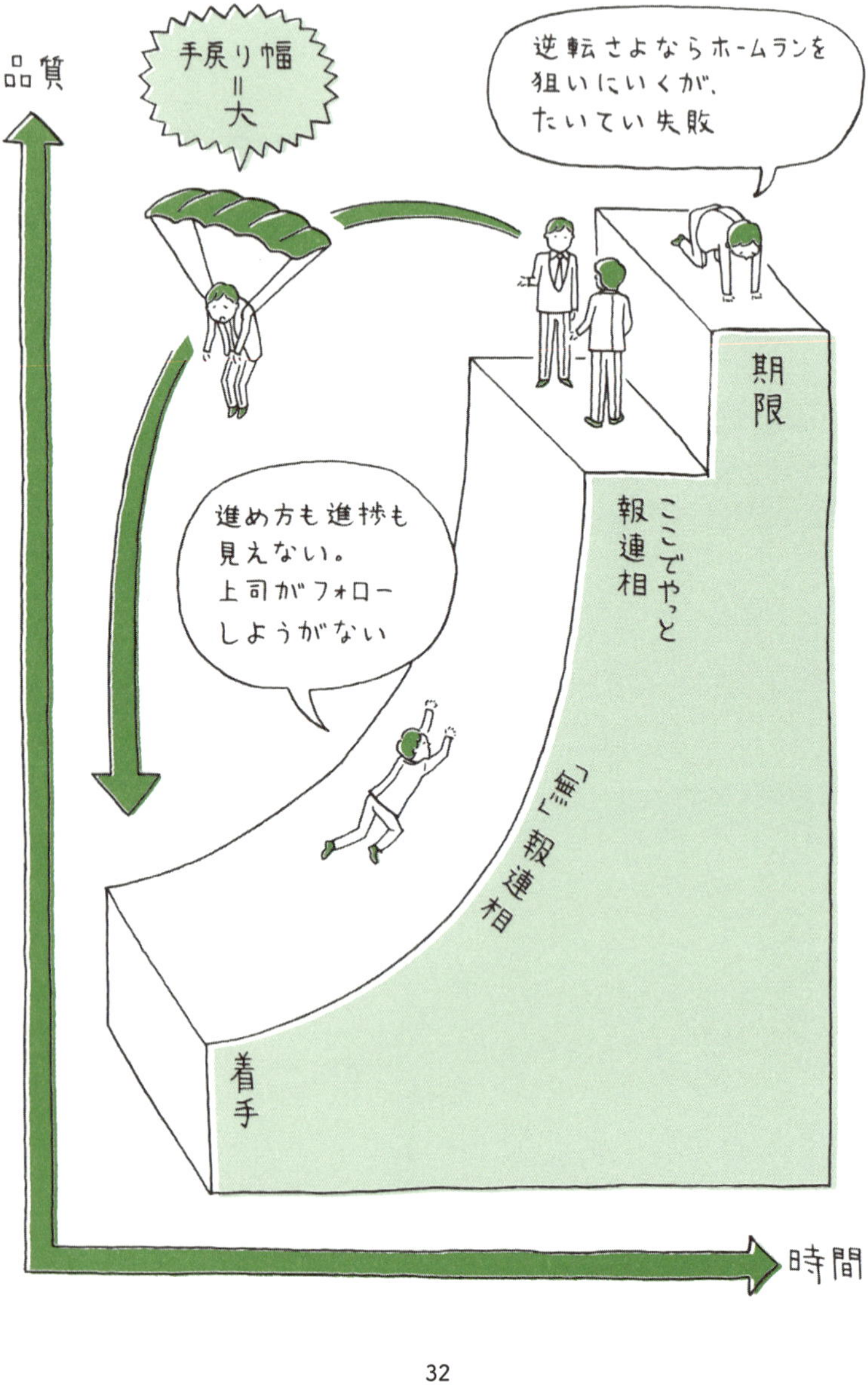

☑ 相手とすり合わせしながら着実に100点に近づく人の行動

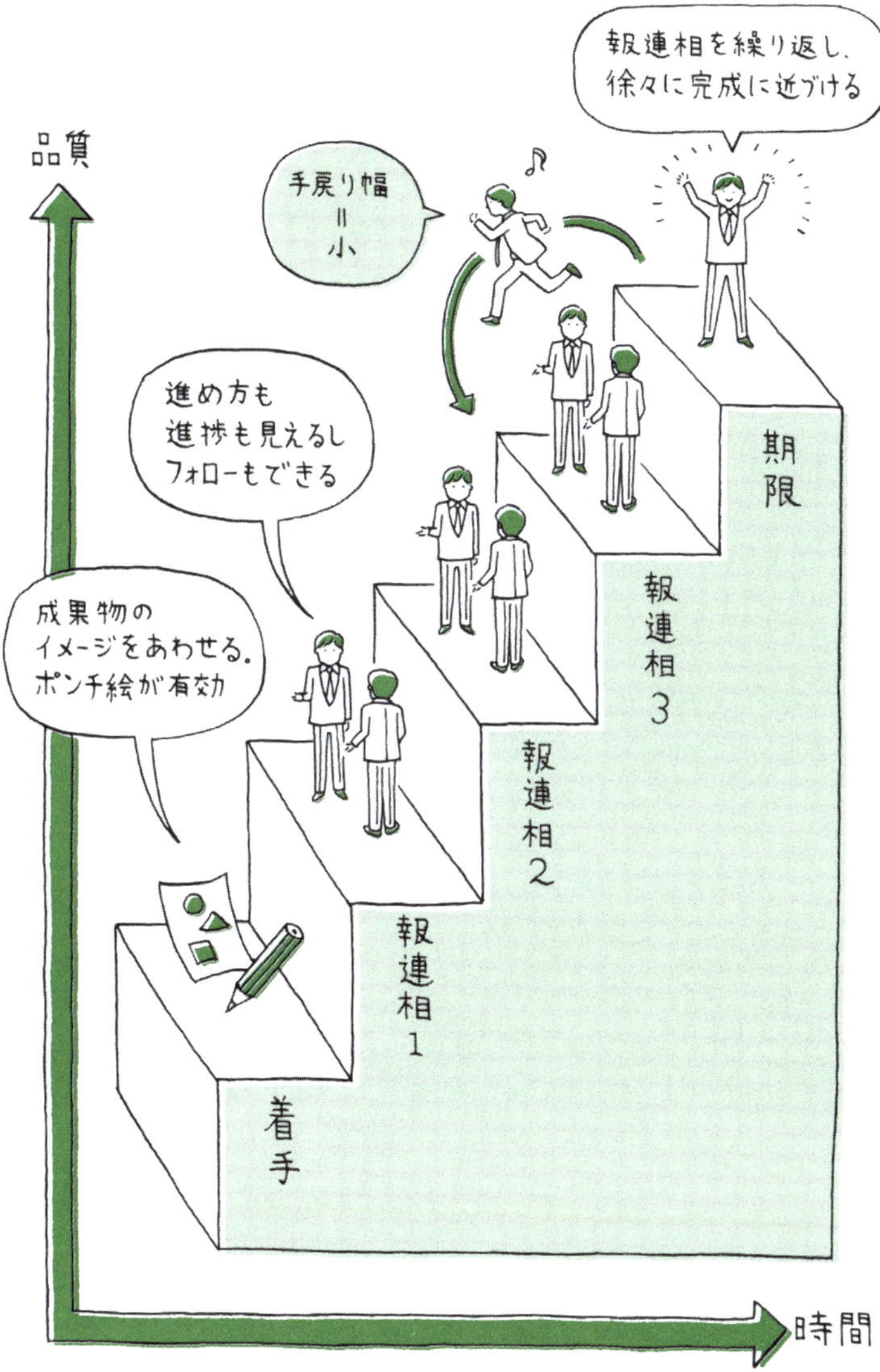

5つの要素で仕事をとらえる

そもそも、「仕事をする」とはどういうことでしょうか?

ひとことで言うと、「インプットを成果物に変える」取り組みです。そのためには、「何のために、だれのためにその成果物を生み出すのか?」を意識しなければなりません。また、多くの仕事は自分ひとりでは完結できません。すなわち、関係者を意識する必要があります。

まとめると、仕事は次の5つの要素で成り立っています。仕事を受ける時(あなたが上司ならば依頼する時)は、この5つを相手と意識合わせしましょう。

①目的

その仕事は何のために、だれのために行うのか?

②インプット

その仕事を進め、成果物を生むためにどんな情報・材料・ツール・スキルなどが必要か?

③成果物

生み出すべき完成物あるいは完了状態は？　期限は？　提出先は？

④関係者

巻き込むべき関係者・協力者は？　インプットはだれ（どこ）から入手すべき？　成果物はだれのため？

⑤効率

その仕事のスピードは？　生産量は？　コストは？　人員は？　歩留まり（不良率）は？

図にすると、次のようになります。

☑ 仕事の5つの要素

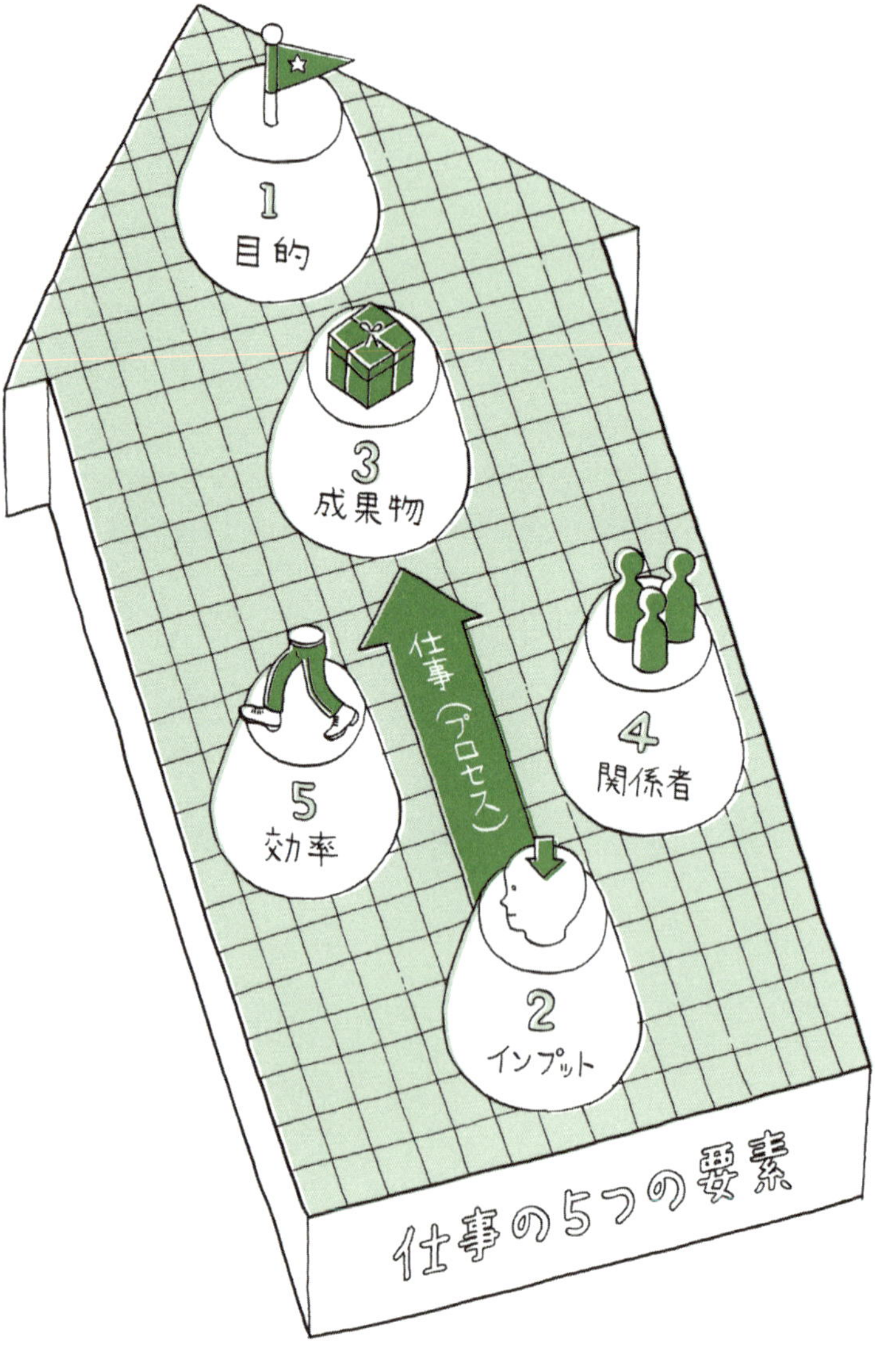

この5つのいずれかに問題があるとどうなるか？　答えは「仕事がうまく回らない」「職場に問題がある」状態です。

この5つの要素の図は本書のキーであり、この先繰り返し登場します。とてもシンプルな図ですが、あなたの職場の問題を特定して改善するための肝です。ぜひ押さえてください。

職場の問題地図

BUS

2丁目

上司・部下の意識がズレてる

行先
「残業だらけ」の職場
「休めない」職場

accident

!

あなたは産業機械メーカーの営業部に勤める社員です。ある日、上司から急ぎの仕事を依頼されました。

上　司「悪いね。過去6ヶ月間の月別の売上をグラフにしてもらえるかな？　定時までにお願い！」

あなた「はい、承知しました」

〜2時間後〜

あなた「できました！　ギリギリ定時に間に合いました」

上　司「ああ、よかったよかった。ん……ん？　ううむ。いまいちだなぁ。字もグラフも小さいし……」

あなた「あらら。まずかった……ですかね」

上　司「言わなかったっけ？　あのね、これ経営会議でプロジェクターに投影する資料なんだよ。ほら、知っていると思うけれど、経営会議ってお年を召した方が多いじゃない。細かい文字や図、嫌がられるんだよね…。たまに文句を言ううるさい人もいてさ。悪いんだけれど、グラフは売上金額だけにして真ん中にドカンと、字のサイズは16ポイント以上にしてもらえるかな？」
あなた「あ、はい……わかりました（え、経営会議で使う資料だなんて聞いていないし！）」
上　司「それとさ、この売上金額の数字はどこから持ってきたの？」
あなた「昨日の部内会議の月報の資料から拾いましたケド」
上　司「あ、それダメ！」
あなた「ええっ!?」
上　司「月報であげている数字って、営業部内だけの裏の数字だから。公式な数字は、経営企画部からもらうようにして。よろしくね」
あなた「ええと、経営企画部のだれに聞けばいいのでしょう？」
上　司「あ、キミ知らないの？　営業に関する情報管理は森本さんだ。あと1時間で頼んだよ」
あなた「は、はい……がんばります（また、残業か……）」

はい、手戻り発生！

☑ 作ったグラフと必要だったグラフ

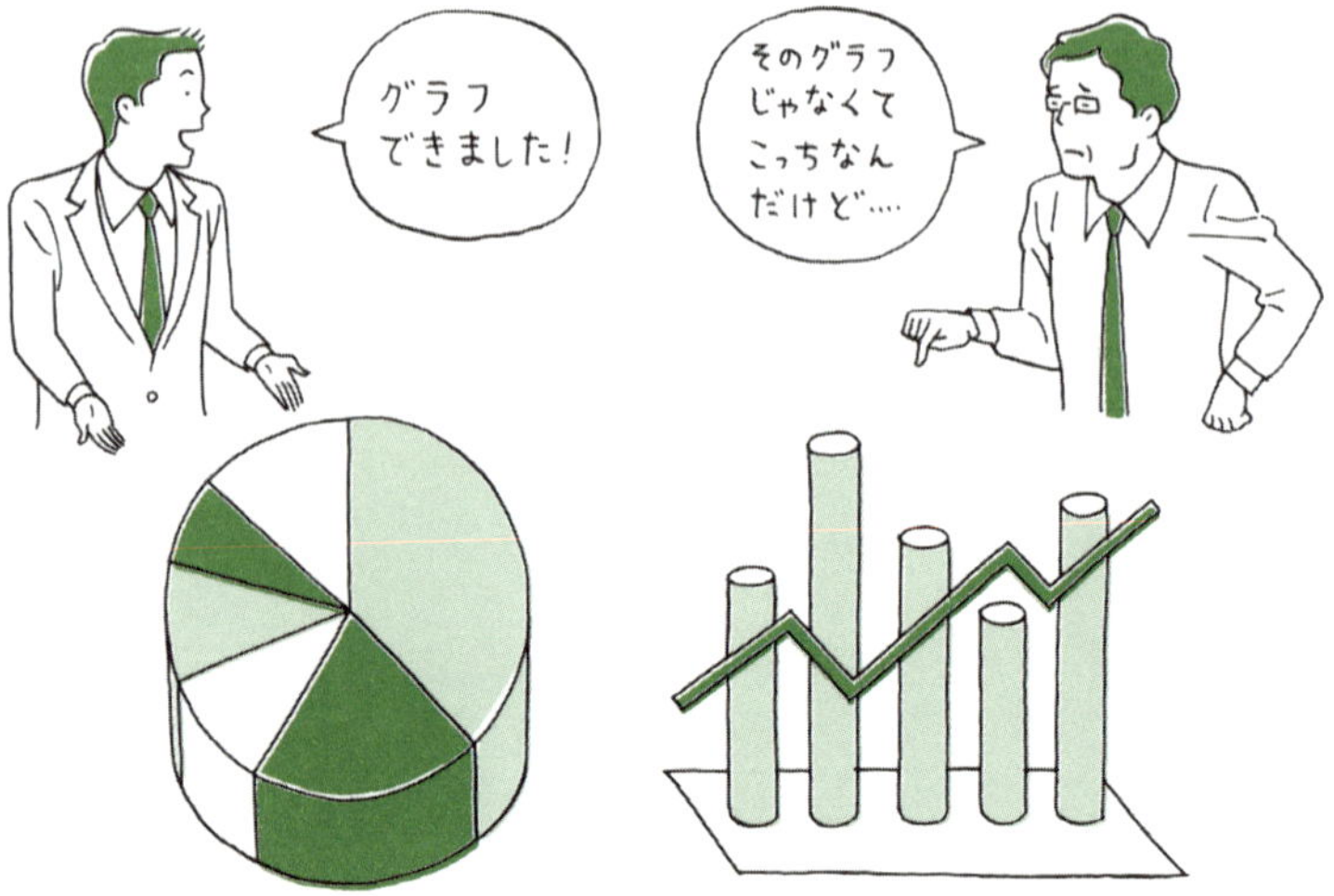
グラフできました！
そのグラフじゃなくてこっちなんだけど….

どうでしょう。笑うに笑えない人も多いのではないでしょうか？　とりあえず突っ走り、後で意識ズレが発覚。そして手戻り→残業。

この事象、部下のあなたにも、上司にも問題がありますよね（そもそも、こんな重要な仕事を直前にいきなり依頼してくる上司のマネジメント能力に問題ありですが……）。

こういった意識ズレは、双方のコミュニケーション能力や相手との相性の問題で片付けられてしまいがち（もちろん、それらも原因の一部には違いありませんが）。しかし、そこで思考停止してはダメ！　いつまでたってもあなたの職場の仕事のやり方は良くなりません。もう一歩踏み込んで、仕事の進め方そのものに目を向けてみましょう。

☑ 上司・部下の意識ズレが発生する原因

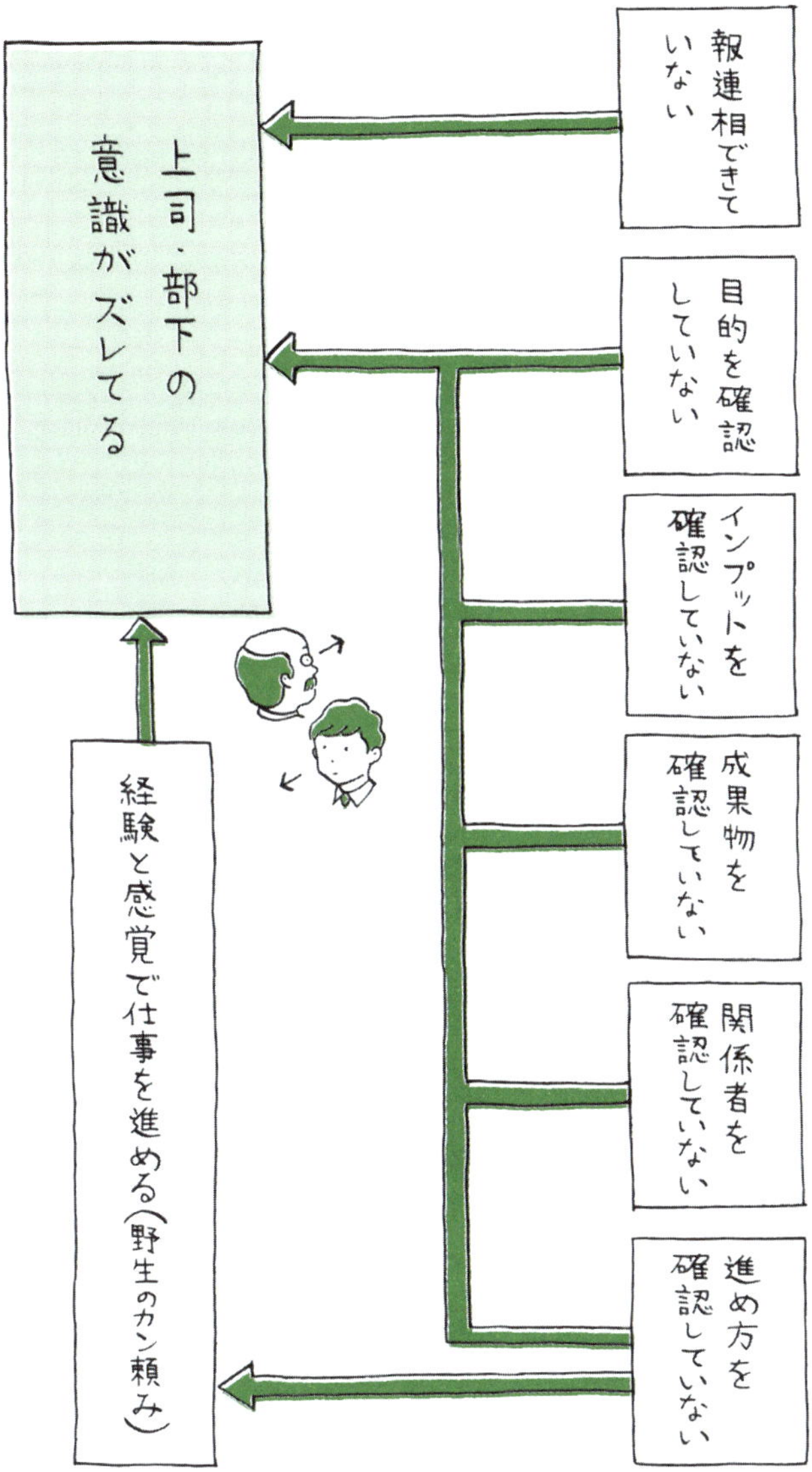
上司・部下の意識がズレてる
報連相できていない
目的を確認していない
インプットを確認していない
成果物を確認していない
関係者を確認していない
進め方を確認していない
経験と感覚で仕事を進める(野生のカン頼み)

①そもそも、その仕事の目的はなにか？

「仕事の目的を確認する」

わかっちゃいるけれど、意外とできていないもの。しかし、これをハズすと仕事が大コケします。

そうはいっても、指示する側（上司）が目的を教えてくれなかったり、部下も部下で「目的は何ですか？」って聞きづらい場合も多々ありますね。そもそも上司が目的を把握せずに、部下に仕事を振るケースもあるので（俗に言う「マル投げ」）、これまた厄介。

そんなときは、次の２つが効果的です。

①目的を自分なりに想定して確認する
②その仕事の成果物の利用シーンを確認する

「ご依頼の資料は、社外の方向けの説明資料にも流用されることを想定して作ろうと思いますが……」

「会議室でプロジェクターに投影したりします？」

こんな感じで、自分から想定して確認をするクセをつけると、仕事の手戻りを防げるのみならず、「指示待ち」人間から「自分で考えて行動できる、気の利く」人間に進化できます。

②インプットはなにか？

成果物を生み出すために必要なインプットは？

インプットとは、資料作成であれば元データであったり、制作物であれば部材であったり、その成果物を生み出すために必要な材料のことです。インプットを、惰性や自分の思惑で決めつけて仕事を進めてしまうと、最後にイタイ目を見ることがあります。

「では、売上金額の数字は、部内会議の月報の資料から引っぱりますね」

仕事を受けるとき、このひとことがあれば、インプットの意識ズレは防げました。

③成果物のイメージは合っているか？

先の例では、上司の指示は「過去6ヶ月間の月別の売上をグラフにしてもらえるかな」のみ。これでは、単にエクセルで作ったグラフが成果物なのか、資料としてパワーポイントないしワードに貼り付けた状態が成果物なのかがわからないですよね。このようなズレを防ぐためにも、ポンチ絵での確認は有効です。無理して言葉で説明しようとすると、抜け漏れがあったり、伝えきれない場合もあります。なるべく絵や図と組み合わせて確認するよう心がけましょう。

また、成果物はかならずしも有形とは限りません。

「データベースに当月の売上金額を登録完了した状態」
「第一会議室にプロジェクターがセットされて、動作確認が完了している状態」
「机と椅子がスクール型に配置されている状態」

など、状態も成果物になりえます。いずれにしても、仕事に着手するとき、すなわち最上流での確認が肝です。

④本当のお客さんはだれか？～ラスボスを確認しよう！

本当のお客さん、いわば成果物を最終的に見る（使う）相手はだれか？

ここに気づけるか気づけないかが、あなたの仕事の品質を大きく左右します。私はよく、新入社員研修で講師をするときには「ラスボス※を確認しましょう！」なんて伝えていますが、あなたに仕事を依頼する上司が本当のお客さんとは限りません。先の例では、経営会議に集う役員がお客さんだとわかりました。あらかじめ本当のお客さんを確認しておけば、「小さな字は避けよう」「グラフは大きいほうがいい」などの試行錯誤がその場で上司とできたでしょう。

「目の前のその相手は、ラスボスか？」

仕事を受けるとき、自問自答してみてください。

※ラスボス：ラストボスの略。対戦ゲームやロールプレイングゲームなどに登場する、本当の最後の敵。最後の敵を倒したと思って安心していると、ラスボスが登場するパターンのゲームも多い。

⑤進め方を提案しよう！

①～④を確認したら、最後に仕事の進め方を提案しましょう。期限とステップ、この2つを確認します。

①期限

2時間後

②ステップ

・すぐに経営企画部の森本氏に売上金額の提供をお願いする
・15分後 ドラフト（グラフは仮）のパワーポイント資料を上司に見せる。
・30分後 経営企画部からデータを入手。エクセルでグラフを作成し、パワーポイントに貼り付ける。
・1時間後 上司に確認してもらう。修正があれば、残りの1時間で対応する。

☑ 仕事の5つの要素

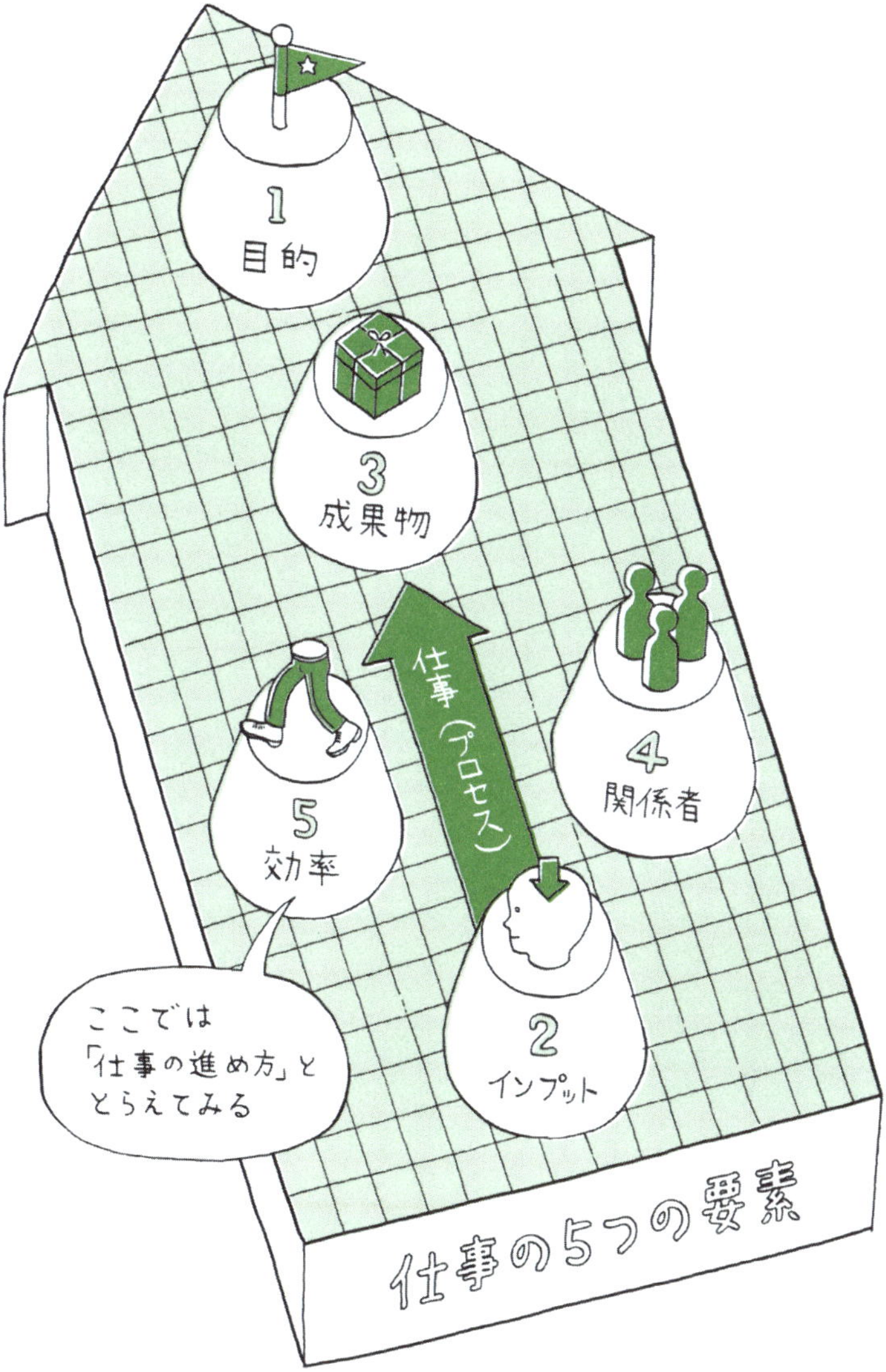
1
目的
3
成果物
仕事（プロセス）
4
関係者
5
効率
2
インプット
ここでは
「仕事の進め方」と
とらえてみる
仕事の5つの要素

この5つ、1丁目で紹介した仕事の「5つの要素」そのものです。5つの要素を部下も上司も意識し、最初にしっかり確認するプロセスを踏めば、意識ズレはなくなります。

もちろん、時間の関係や場の雰囲気により、①②③④⑤を最初に全部確認できないことも多いです。また、実際に仕事を進めてみないと見えてこないケースもあるでしょう。そんな場合に備えて、5つの要素のどの項目が未確認なのかをあらかじめチェックしておくといいですね。5つの要素を知っていて未確認状態にしておくのと、知らずに突っ走るのとでは、雲泥の差がありますから。


そうそう、よもやま話を1つ。

かつて、私の元に派遣社員の女性がいました。小さなお子さんを持つ、お母さんです。彼女は、私が仕事の指示をすると、すぐ5つの要素で私に確認してくれていました。

「インプットは何でしょう?」

「……ということは、これは社外のお取引先に見せる資料ということで合っていますかね?」

「こんな資料のイメージでよろしいですか?」

こんな具合に。そして、その場で仕事の進め方を紙に書いて手順化していました。

ある日、私は彼女に聞いてみました。「どうして、そこまで丁寧に仕事を受けるのか？」と。

「だって、万が一子どもが突然熱を出したら、私はそっちを優先せざるをえないですからね……。だれかにすぐに引き継いで、代わりにやってもらえるようにしておかないと」

なるほど。5つの要素チェックは、仕事の脱属人化にも効果があるようです。

これを徹底すれば、上司と部下の間の「報連相」が抜け漏れなくできるようになります。また、「経験と感覚で仕事を進める（野生のカン頼み）」状態から脱するポイントでもあります。「報連相」については、次の章でくわしく見ていきます。

在宅勤務など、新しい働き方に適応するためにも……

COLUMN

私は新人時代、上司に「1週間かけて100点取るより、1日ずつ30点を目指せ」と叩き込まれました。言い換えれば、「仕事を受けたら5つの要素でポイントを確認する」「きちんと報連相する」この2つを毎日きちんとやれ、ということです。それは上司にとっても、部下にとっても安心して仕事を進められる仕組みづくりにほかなりません。

これは、テレワーク（在宅勤務）など、見えない相手同士で仕事を進めるうえでも大変有効です。最初に成果物のイメージを合わせて、報連相のポイントとタイミングを最初に合意する。これさえ決めておけば、お互い安心。相手が自宅にいようが海外にいようが、仕事はきちんと進みます。

「うちの職場にはテレワークはなじまないから」

「近くに部下がいないと不安でね……」

あなたの上司（あるいは、あなた自身）は、そんな理由で新しい働き方を食わず嫌いしていませんか？　目を背けていませんか？　仕事のやり方がそのままでは、1億総活躍社会は乗り切れませんぞ！

職場の問題地図

BUS

3丁目

報連相できていない

行先

「残業だらけ」の職場

「休めない」職場

accident

「キミは報連相がなっていない」
「どうしてきちんと報告しないんだ！」

新入社員がよく上司から浴びせられるセリフですね。私は若手社員向けの研修で講師をすることが多いのですが、どの企業でもみなさん報連相には苦手意識を持っているようです。

「自分ではできているつもりなんですけれど、上司からはダメ出しされるんですよねぇ……」

こんな相談をよく受けます。かくいう私も、新人の頃はよく上司に叱られては枕を涙で濡らしたもの。できているつもりで、なかなかうまくできないのが報連相です。

なぜ、上司から「報連相がなっていない」と言われてしまうのでしょうか？　部下の伝えるスキルが低いだけ？　いえいえ、それだけではありません。大きく、3つの背景が考えられます。部下のスキルの問題、上司のスキルの問題、そしてルールと場の問題です。

☑ 報連相ができていない原因

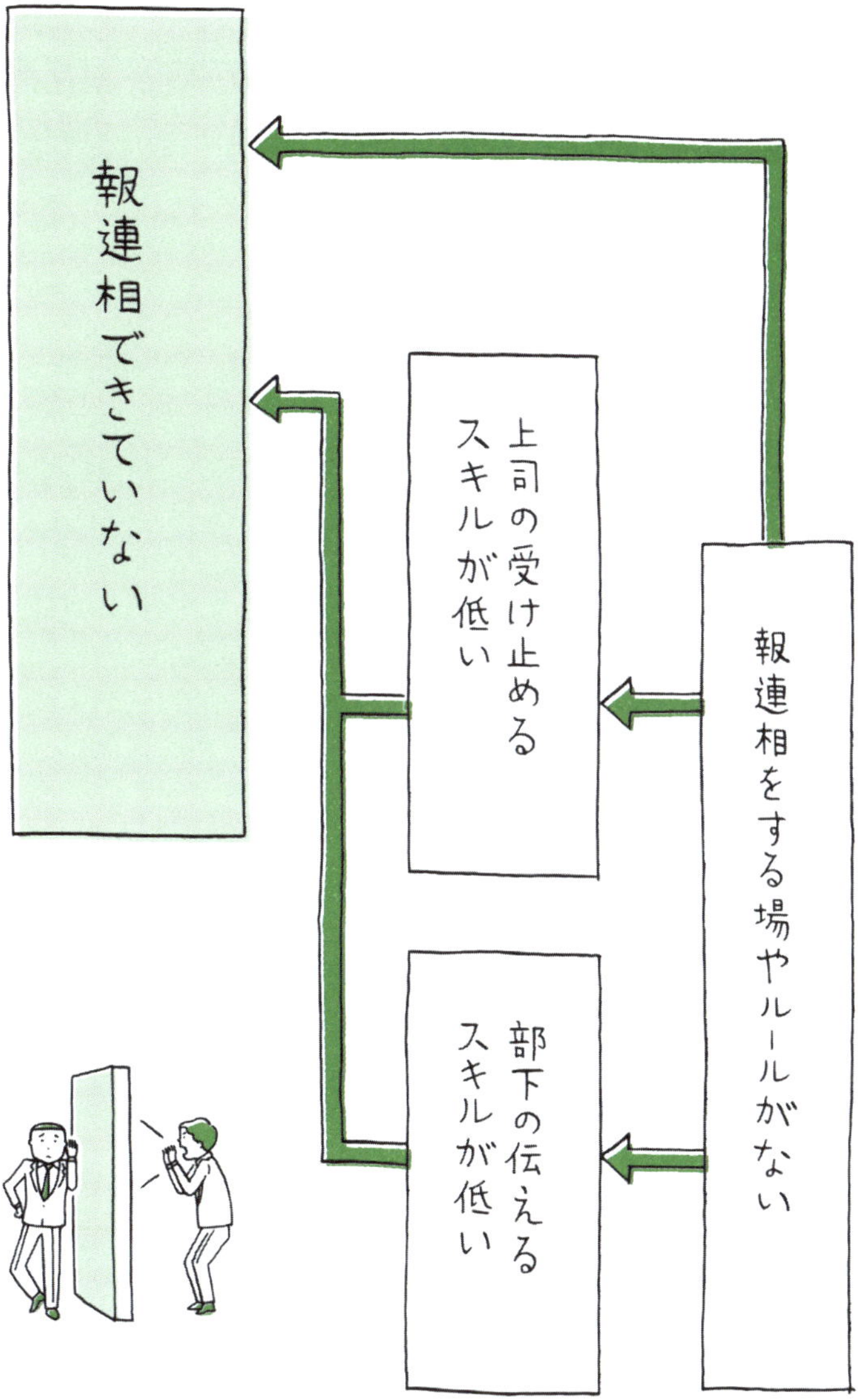
報連相できていない
上司の受け止めるスキルが低い
部下の伝えるスキルが低い
報連相をする場やルールがない

部下の伝えるスキルが低い

「報連相がなっていない」

このフレーズには、２つの意味が込められています。

・報連相のやり方がなっていない
・報連相していない

まずは、やり方の部分を考えてみましょう。

①そもそも、報告なのか、連絡なのか、相談なのかが不明

私が新入社員研修で講師をしていて、多くの受講者ができていないなと感じるのがこれ。そもそも部下がこれから上司に伝えようとしているのが、「報告」なのか「連絡」なのか「相談」なのかがわからないのです。

悪い例

部　下「小松課長、いまデータの集計をしているのですが、同じ客先名称が複数あることがわかりまして、それで……」

（小松課長「ん？　ん？　何の話？　データの集計って、いきなり言われても、なんのことだかわからないよ。そもそも、僕に何をしてほしいんだ？」）

部　下「いやー、参っちゃいましたよ。経理部の担当者に相談したら、『それはウチに言われても困る』って門前払いされてしまって……。どうやら、新規取引先口座の開設は、経営企画部が管轄しているらしいです。ちょっと手間がかかりそうで、面倒ですね」

（小松課長「なんだなんだ？　キミは僕に相談したいの？　単に愚痴りたいの？　それとも…!?」）

いかがでしょう？　こんなやりとりが日々上司と部下との間で交わされていませんか？　こうしたらどうでしょう。

良い例

部　下「小松課長。今朝お願いされた、売上データの集計の仕方について1点ご相談があります。じつは……」

部　下「新規取引先口座の開設について報告があります。相談窓口は、経理部ではなくて、じつは経営企画部であることがわかりました。そこで……」

このように切り出せば、上司は自分が何を求められているのかを最初に理解でき、部下の話を聞く心の準備ができます。

報連相するときのポイントは、ほかにもあります。4つにまとめてみました。

①所要時間を示し、相手の都合を確かめる
②まず「報」か「連」か「相」かを伝える
③結論を伝える
④論点を数で示す（ナンバリング）

「小松課長。いま5分お時間よろしいですか？　決算早期化プロジェクトの進め方について、ご相談が2点あります。キックオフの日程と、会場についてです。まず1点目の日程について。日程は延期すべきと思います。なぜなら……」

忙しい職場であればこそ、伝え方を工夫して、お互いがイライラしないよう済ませたいものです。

②適切なタイミングで報連相できていない

報連相にはタイミングも重要です。タイミングが遅いと部下は「報連相をしていない」と思われてしまい、頻繁すぎると「そんな細かいことをいちいち報告するな」と煙たがられてしまいます。

では、どのタイミングで報連相をすればいいのでしょうか？　すべらない報連相タイミングとは？

答えは……ありません！（きっぱり）

なぜなら、そのタイミングが適切かどうかは相手が決めることだからです。すなわち、相手次第。

☑ 報連相のタイミングを最初にすり合わせる

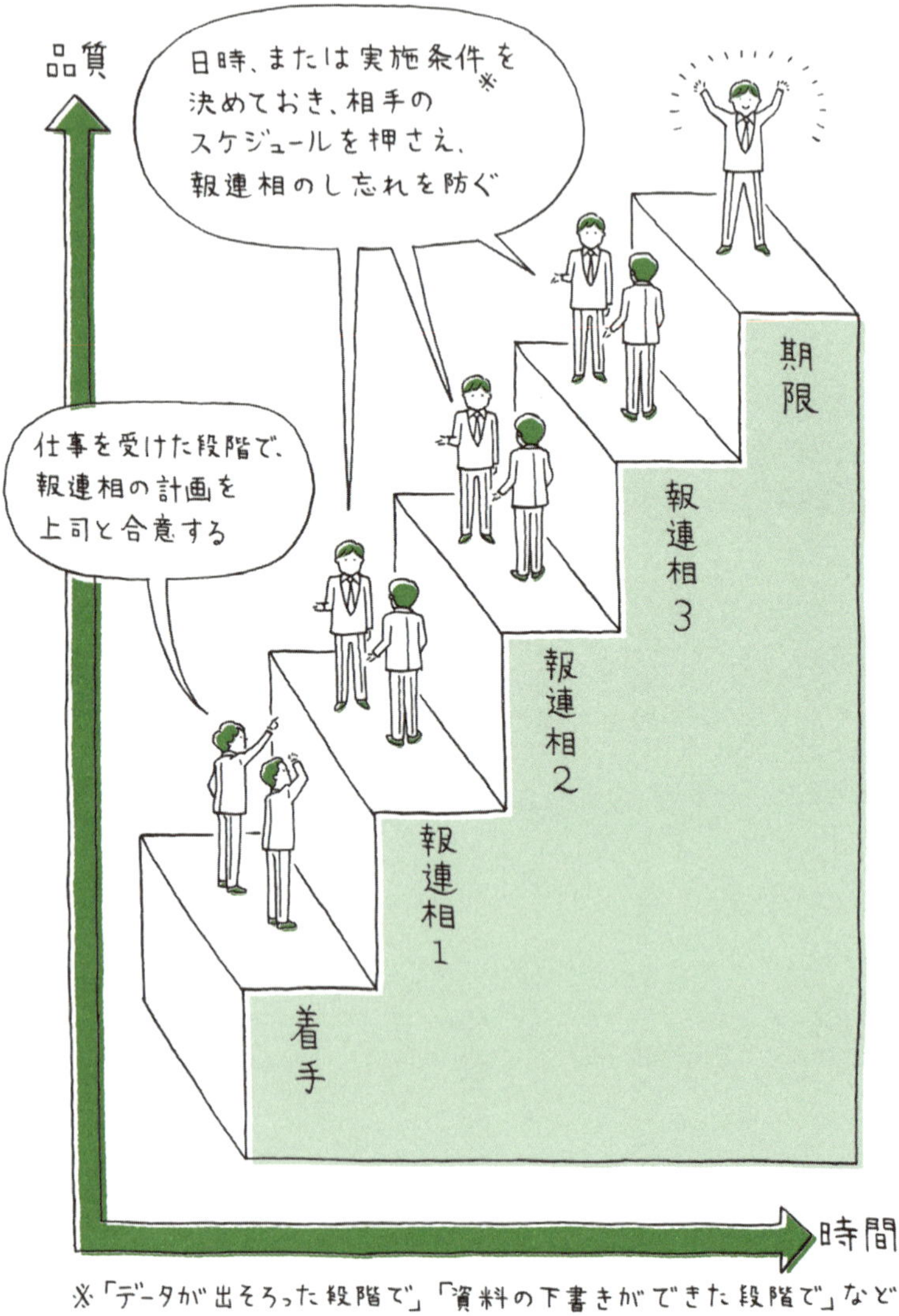
品質
日時、またはは実施条件※を決めておき、相手のスケジュールを押さえ、報連相のし忘れを防ぐ
仕事を受けた段階で、報連相の計画を上司と合意する
期限
報連相3
報連相2
報連相1
着手
時間

※「データが出そろった段階で」「資料の下書きができた段階で」など

「自分ではできているつもりなんですけれど、上司からはダメ出しされるんですよねぇ……」

この悩みが尽きない原因は、まさにそこにあります。

では、どうしたらいいか？

仕事を受ける（または部下に任せる）ときに、相手と今後の報連相のタイミングをすり合わせましょう。

報連相をする日時、あるいは実施条件（「データが出そろった段階で」「資料の下書きができた段階で」など）を決めておくといいですね。いずれにしても、相手と最初にすり合わせをしておけば、報連相のタイミングについての意識違いは防ぐことができます。

先々のタイミングまで計画できない場合は、最低限「次はいつ報連相するか？」だけでも合意しておきたいものです。

できることなら、その後すぐに報告のスケジュールをアウトルックのスケジューラなどで押さえてしまいましょう。そこまですれば、お互い報連相のタイミングを忘れることもありません。

上司の受け止めるスキルが低い

部下の伝えるスキルよりもむしろ心配なのがこちらです。上司の受け止めるスキル。断言します。ここ数年、ベテラン社員よりも、若手社員のほうが伝えるスキルは高いです。彼らは入社時に（あるいは学生時代から）伝え方の教育を受けて、場慣れもしていますから。それに較べて、多くの中堅以上の社員は、残念ながらそのような教育を受けてきませんでした。私もしかり。新卒で就職したのは1998年。新入社員研修で教わったのはビジネスマナーと人事規定ぐらいで、いきなり現場に放り出されたものです。対して、いまの新入社員は「プレゼンテーション」やら「ロジカルシンキング」やらハイレベルな研修を受けているではありませんか（うらやましい）。この差は大きい！

その結果、部下がどんなにがんばって報連相しようとしても、先輩や上司が受け止められない。これでは元も子もありません。

（世の中には、部下がキレイにプレゼンテーションすると「お前、格好つけて生意気だ」みたいな難癖をつける上司もいるそうです。おいおいおいおい……）

では、上司はどのようにして受け止め力を高めればいいでしょうか？

巻では、コーチングスキルやファシリテーションスキルなどが注目されていますが、なんだか小難しそうですし、時間がかかりますよね。手っ取り早く、次の2つをやってみましょう。

①報連相の4つのポイントを上司も意識して応対する

58ページで紹介した報連相の4つのポイント。報連相を受ける立場でも意識しましょう。たとえば、あなたが部下から報連相をもちかけられたとします。

✕「え、相談？　忙しいから後にして……」

○「え、相談？　5分ならいいよ」「2時からだったら大丈夫だよ」「何分必要？」

✕「で、キミは何を言いたいの？」

○「ああ、業務改革プロジェクトの相談なのね」「報告？　連絡？　相談？　まずは用件を言おうか」

× 「へえ」「ふうん」「（無反応）」

○ 「つまり、期限をあと1日延ばしてほしいってことかな？」「結論を最初に言ってよ」

× 「キミは話が長いんだよ！」

○ 「ポイントは3つってことだね」「要点はいくつあるの？　まずそれを示そう」

4つのポイントで部下の発言をチェックしてフォローしてあげれば、報連相の内容が整理され、上司はきちんと受け止めることができます。また、部下の伝えるスキルの育成にもなりますね。

私が出入りしている製造業の会社の課長さんは、いつも部下にしつこく問いかけています。

「結論から話して！」

「ナンバリングしなさい。ポイントは何点？」

甲斐あって、新入社員も2ヶ月後にはわかりやすく報連相できるようになっていました。

「報連相ってのはね、スキルじゃなくて習慣なんですよ。で、その習慣を組織に根付かせるためには、管理職のしつこさが重要！」

彼のこんなひとことがとても印象的でした。

②部下の発言を復唱する～「リ」＋感情ワード

「相手の言葉を復唱する」これ、相手を受け止めるためのコミュニケーションのポイントとしてよく挙げられます。しかし、ただ単に相手の言葉をオウム返ししていればいいというものではありません。たとえば、あなたが上司（部長）にトラブル対応の進捗報告をするとします。

あなた「部長。沢渡産業への支払いトラブル対応の進捗報告をさせてください」
部　長「支払いトラブル対応の件ね」
あなた「はい。未払いの5件、すべて手運用で支払いを完了させました」
部　長「支払いは完了したのね」

あなた「はい。引き続き、未払いが起こった原因を調査します。おそらくシステムのバッチ処理に不具合があったと思われます」

部　長「バッチ処理の不具合ね」

……どうでしょう？　これでは、あなたは不安になりますよね。部長は話を聞いてくれているのかと。そして、なんだかとても無機質な感じがしませんか？

では、どうすればいいのか？　復唱した後にひとこと、感情を示す言葉を付け加えましょう。私は「リ」＋感情ワードと呼んでいます。「リ」はリピート（復唱する）のリ。それに自分の感情や相手の感情を示すひとことを添えてあげるのです。

トラブルの報告を受けたなら

「支払いトラブル対応の件ね。大変だったね！（相手の感情を示すひとこと）」

質問を受ける時

「あ、このプロジェクトの背景について？　いい質問だね（自分の感情を示すひとこと）」

提案を受ける時

「代替策の提案？　喜んで（自分の感情を示すひとこと）」

このひとことがあるだけで、相手は安心しますよね。「あなたに報連相してよかった、これからもしっかり報連相しよう」と思うようになります。これが、無言だったり、不機嫌だったり、ただ機械的に復唱しているだけだったら……。部下が報連相しないのは、上司の態度に原因があるかもしれませんよ。

ちなみに、「リ」＋感情ワードは、ある保険会社のコールセンターのお客様対応の現場でも使われている手法です。これをはじめてから、電話対応のお客様満足度が向上したそうです。

そうは言っても、上司だって人間。コミュニケーションが得意な人もいれば、苦手な人もいます。対話が不得手な人は、まずは「リ」から。すなわち、部下の言葉を復唱してあげましょう。それだけでも、部下は受けとめてもらった気持ちになるもの。やがて、「何かもうひとこと」付け加えたくなるようになります。

報連相をする場やルールがない

これまで見てきたのは、上司や部下の個人スキルの問題でした。しかし、あなたの職場で報連相がうまく機能していないとしたら、それはスキルの問題だけではないかもしれません。「場」「ルール」に改善の余地がないか、考えてみましょう。

①上司が忙しすぎて、部下が話しかけるタイミングがない

「報連相したくても、上司がつかまらない……」
「上司が忙しすぎて、話しかけるのに腰が引ける……」

報連相が適切に行われない理由の1つです。で、あるとき突然上司が怒り出します。「報連相がない！」と……。これでは、仕事の品質も職場の雰囲気も悪くなる一方です。

ここは1つ、報連相を定常業務のプロセスに組み込んでしまいましょう。

・週次の定例会議の議題に、報連相の時間を加える

・毎週火曜日の朝10時~11時は、報連相タイムとする

こうすれば、強制的に報連相を実施できます。個人のマインド（度胸）やスキル任せにせず、組織的に報連相の「場」を作ることも重要なのです。

②報連相のフォーマットがない

たとえば日報。いままでフリーフォーマットで部下に書かせていたとしたら、次のようなフォーマットを決めて報告してもらうようにします。

①今週の進捗報告
②相談事項
③周知事項
④上司や他チームに依頼したいこと
⑤来週の予定

こうすれば、報告の抜け漏れが防げますし、上司も部下をきちんとフォローできます。

口頭の報連相も、フォーマットを決めてしまえばいいのです。報連相の伝え方の４つのポイントを組織内のルールにしてしまいましょう。

私の以前の勤務先では、外資系コンサルティング会社からの転職者が多く活躍していました。彼らは忙しい上司をつかまえるのもお手のもの。よくよく観察してみると、話しかけ方がフォーマット化されているのです。

「すみません。○○の件についてご相談があります。２点。３分、時間をください」

こんな感じで。彼らいわく、「そういう報連相ルールを前職で叩き込まれていたから」。なるほど、ルールがあったからこそ、反復によって報連相スキルが鍛えられたのですね。

うまくできていないのであれば、標準化してしまう。それが業務品質向上と効率化の近道です。

職場の問題地図

BUS

4丁目

無駄な会議が多い

行先
「残業だらけ」の職場
「休めない」職場

「会議・打ち合わせがとにかく多い」

「いつもダラダラ。時間どおりに終わったためしがない」

「1回3時間の会議とか、マジで勘弁してほしい……」

「会議という名の部長の独演会。眠気をこらえるのが苦痛」

「で、何が決まったんだっけ?」

「そもそも私、その会議に出る必要あるのかな……」


あなたの職場も、このどれか1つには当てはまるのではないでしょうか? え、全部!?

それはご愁傷様です。


ＮＴＴデータ経営研究所の調査によると、日本の会社の業務で会議や打ち合わせの占める割合は15・4%[*]。なんと、1人あたり1日1・4時間も会議のために費やされているとのことです。これ、けっこうな時間ですよね。

会議が多ければ多いほど、自分の作業をする時間も、コミュニケーションをとる時間もなくなります。そして、今日も残業、明日も残業。いいことナシ!

＊2012年10月5日「会議の革新とワークスタイル」に関する調査 https://www.keieiken.co.jp/aboutus/newsrelease/121005/index2.html

というわけで、この章では「無駄な会議」にメスを入れます。

無駄な会議を取り巻く5つのヤツら

無駄な会議。そして、会議の無駄。

組織の諸悪の根源です。みんな感覚的にそう思っていても、具体的にどう悪いのかなかなか指摘できないし、どこから手をつけていいのかわからないもの。そして、今日も無駄な会議にダラダラとつきあっている。そんなところではないでしょうか？

無駄な会議を取り巻くヤツら（原因と影響）は、次のページの図にまとめました。

さて、どこからどう料理したものか？　まずは原因を見てみましょう。

①会議のやり方がなっていない

会議の進め方が残念。たとえば……

- 会議の目的を示していない
- 時間を管理する人がいない（よって時間内に終わらない）

☑ 無駄な会議を断て、断つんだ!

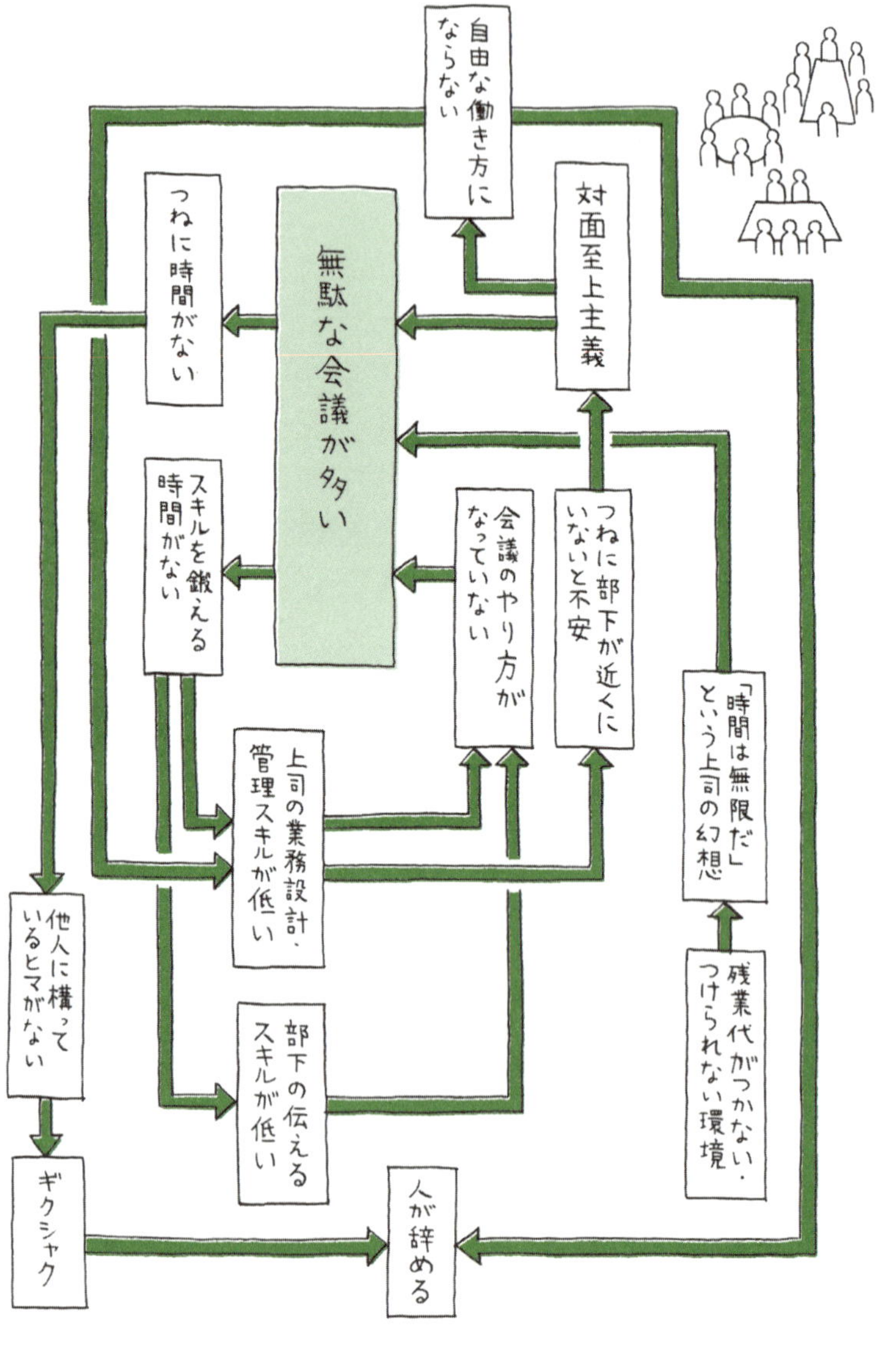

自由な働き方にならない
対面至上主義
つねに時間がない
無駄な会議が多い
スキルを鍛える時間がない
会議のやり方がなっていない
つねに部下が近くにいないと不安
「時間は無限だ」という上司の幻想
上司の業務設計、管理スキルが低い
他人に構っているヒマがない
部下の伝えるスキルが低い
残業代がつかない、つけられない環境
ギクシャク
人が辞める

・進行役がいない
・一部の人しか意見を言わない
・話が脱線する
・今、何の話をしているのかが不明
・結論がわからない
・「で、この後どうすればいいの？」

これでは、せっかくの会議も台なしですよね。会議のルールやフレームワーク（枠組み）を決め、しっかりとした議事進行とタイムマネジメントを行いたいものです。

②上司の業務設計・管理スキルが低い

①は会議当日の運営方法の問題。これに対し、②は会議を行う前、すなわち事前の段取りのお話です。これがきちんとできるかどうかが、会議の効率と品質を決めます。ポイントは「会議の必要性の判断」と「会議の段取り」の２つです。

会議の必要性の判断

・そもそも、意思決定やコミュニケーションの手段として会議をするのが正しいのか？
・無駄な会議はないか？　会議が目的化していないか？

会議の段取り

・目的の設定（そもそも、何をするための会議か？）
・議題と成果物の想定（その会議で何を得ようとしているのか？）
・日程や時間帯の決め方
・出席者の選定、役割分担
・事前の情報提供（当日、会議がスムーズに回るように）
・会議召集の仕方（案内メールの書き方）

③部下の伝えるスキルが低い

参加者のプレゼンテーションスキルもまた、その会議の効率と品質を大きく左右します。

・何について話しているのかわからない

・何を言いたいのかわからない
・話が長い
・脱線しまくる

これでは時間がいくらあっても足りないですし、勘違いや手戻りも多くなって非効率ですよね。簡潔に話すスキルは、発表する時はもちろんのこと、質問・反論・意見など会議の席上のあらゆるコミュニケーションにおいて重要です。また、上司は部下の発言をきちんと受け止めて整理してあげましょう（3丁目で見ましたネ）。

④対面至上主義

業務設計や管理の能力が低い上司は、往々にして部下への仕事の任せ方、報告のさせ方、進捗管理がなっていません。いきあたりばったり。

いきあたりばったりなものだから、常に部下が近くにいないと不安でたまらない。

「とりあえず打ち合わせしよう」

「何かあったら聞けるよう、とりあえずいつも部下をそばに座らせておこう」

このようにして、無駄な会議や突発的な打ち合わせがどんどん増えます。そして、対面至上主義が形成されていきます。

また、対面至上主義の職場では、自由な働き方が阻害されます。フリーアドレスなんて、もってのほか。部下が近くに座ってくれていないと、上司は不安ですからね。テレワーク（在宅勤務）なんて、とんでもない！　離れているところにいる部下を信頼できるわけないじゃないですか。

こうして、いつまでたっても働き方が旧態依然としたまま。やがて、部下は疲弊しはじめます。介護や育児と仕事が両立できそうにない部下は、どんなに優秀であっても辞めざるをえません。

もう1つ。対面至上主義は、コミュニケーションを密にするメリットもある一方、個々のコミュニケーション能力を低下させるリスクもあります。いつも顔を合わせているから、言葉を使わなくてもなんとなくお互いをわかった気になってしまうのです。細かく業務設計しなくても、丁寧に伝えなくても大丈夫な環境になる。〝阿吽の呼吸依存〟とでもいいましょうか。ようこそ、ガラパゴス島へ！　私たちは、この島にいさえすれば安心してお仕事できるんだよ♪

しかし、それではいつまでたっても上司の業務設計・管理スキルも、部下の伝えるスキルも向上しません。すなわち、②③を生む原因になるのです。

ところで、常に部下が近くにいないと不安でたまらない上司。組織がグローバル化してしまったら、どう言いわけするのでしょうね？　上司がフランスにいて、部下が台湾にいることになったら。残念ながら、ガラパゴス島の中だけでは仕事が完結しない時代になってきているのです。

⑤「時間は無限だ」という上司の幻想

裁量労働など残業をつけられない職場（あるいは残業申請しづらい雰囲気の職場）や、管理職だけの組織にありがちなのがこれ。部下にいくら仕事をさせても人件費は変わらないため、上司のコスト意識がだんだんと希薄になるのです。その結果、上司はさも時間が無限にあるかのような「自分だけに都合のいい」錯覚を起こし、ほいほいと会議を設定する。部下のモチベーションは下がり、会議の生産性も下がる一方……。いいことなしです。

「無駄な会議」と「会議の無駄」を減らす4つの対策

そうはいっても、会議を完全になくすことはできません。というか、なくしたらまずいですよね。会議には、意思決定やコミュニケーションの手段としての役割があります。「会議とどう向き合うか?」それが大事。その向き合い方は2つです。

①会議そのものの数を減らす ⇓ 無駄な会議を減らす

②会議の価値と効率を上げる ⇓ 会議の無駄を減らす

これから、会議前と会議中にやっておきたい4つの対策を示します。4つの対策に①②を当てはめたのが、次のページの図です。

①②を組み合わせ、なるべく少ない会議で、短い時間で、実のあるアウトプットを出せるようにしましょう。それにより、職場のさまざまな問題が解決します。

☑ 会議前と会議中にやっておきたい4つの対策案

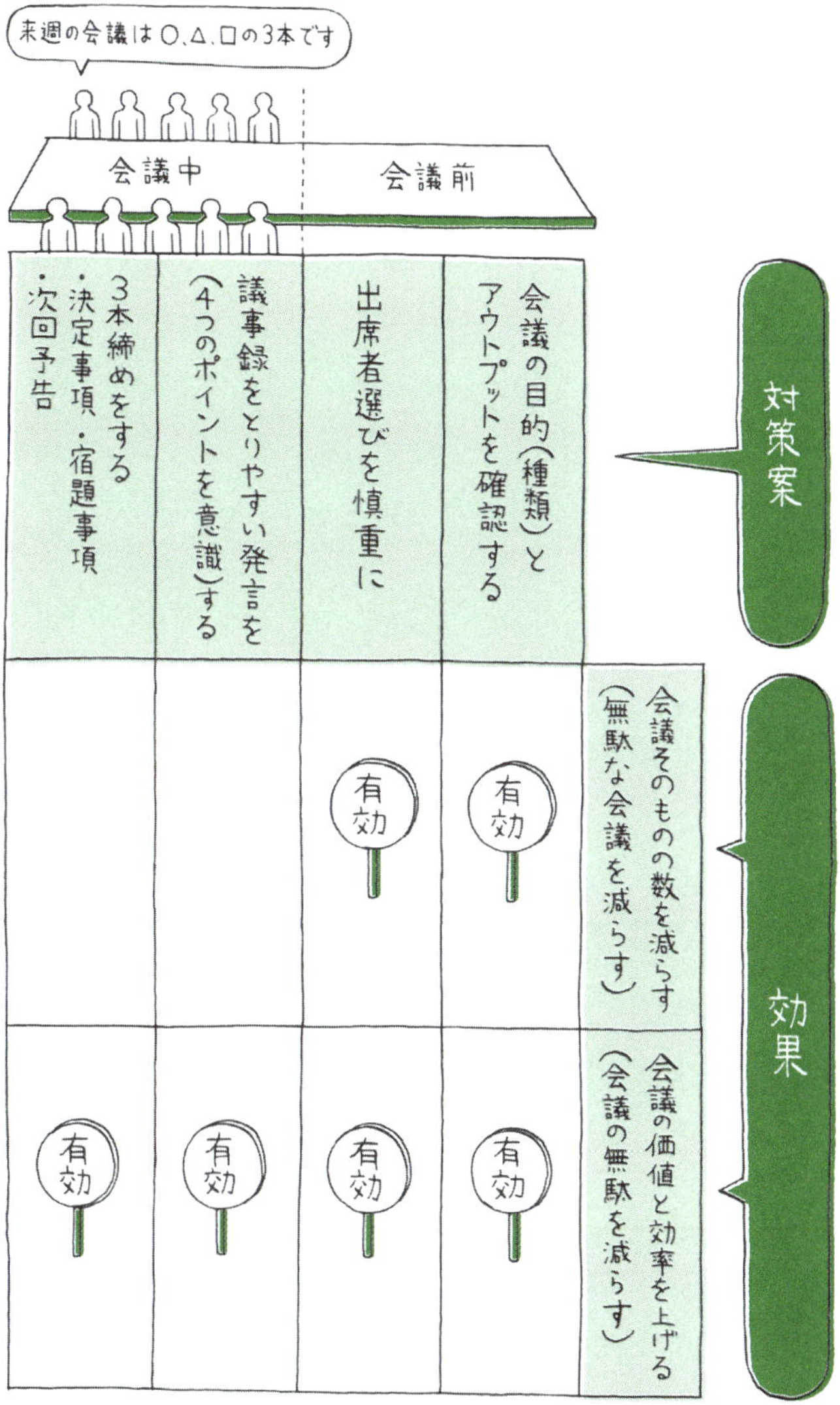

来週の会議は○、△、□の3本です
会議中
会議前
会議の目的（種類）とアウトプットを確認する
出席者選びを慎重に
議事録をとりやすい発言を（4つのポイントを意識）する
3本締めをする
・決定事項、・宿題事項
・次回予告
対策案
会議そのものの数を減らす（無駄な会議を減らす）
会議の価値と効率を上げる（会議の無駄を減らす）
効果
有効
有効
有効
有効
有効
有効

①その会議、なんのためにやるの？
～まず目的（種類）とアウトプットを確認しよう

あなたが主催者であるならば、その会議の目的は何で、どんなアウトプットを期待するのかをまず最初に定義しましょう。

「目的を確認する」これ重要です。なぜなら、「その目的なら、わざわざ会議やらなくてもメールのやりとりでいいんじゃない？」と気づくことがあるからです。会議をするかしないかを冷静に判断する。これは「無駄な会議を減らす」取り組みですね。

次に会議の目的を決めます。ここからは「会議の無駄を減らす」取り組みです。「何かを決める会議なのか？」「一方的な通達の場なのか？」「アイディアを出すための場なのか？」その目的によって、求めるアウトプットも変わってきます。

会議の種類は大きく5つです。いずれかを決める……というより「選択」しましょう。

①意思決定
②報告
③連絡

④情報共有
⑤意見照会・アイディア出し・ブレインストーミング

会議の種類とアウトプットが決まったら、議題（アジェンダ）を決めます。議題（アジェンダ）とは、アウトプットを得るためのプロセスです。期待したアウトプットを得るために、どんな議題（アジェンダ）が必要か？　どんな組み方が効果的か？　考えて設計しましょう。議題（アジェンダ）を決めず、「ただとりあえず人を集めました」はNGです！

②私、出席する必要あるんでしたっけ？〜出席者選びも慎重に

次に出席者の選定です。「なんとなく、その事案に関係ありそうな人に片っ端から声をかけました」では、これまたNGですね（それを繰り返していると、次から本当に来てほしい人も来なくなるリスクがあります）。

目的とアウトプットに立ち返りましょう。

「その目的を達成するには、アウトプットを得るには、だれから、どんな意見をもらいたいのか？」

「だれに、どんな議論をしてほしいのか？」
「だれに、何を判断してもらいたいのか？」

とことん考えます。そうして、必要な出席者を絞り込みます。

会議の主催者と出席者の関係は、テレビ番組におけるプロデューサーと出演者の関係に似ています。主催者のあなたはプロデューサー。会議という番組において、どんな目的を達成するか、どんな結論を導きたいかのストーリーを考えます。そして、そのストーリーにあった出演者を選びます。役割を持たない出演者は、番組には登場しません。同様に、会議には不必要な人を呼ばないよう配慮すべきです。

出席者を選定したら、会議招集をかけます。メールでの連絡が主流でしょう。メールのタイトルや本文に、会議の種類、目的、議題（アジェンダ）、期待するアウトプットを明記して、出席してほしい人に送ります。

目的、議題、期待するアウトプットが明確であれば、会議召集を受け取った人は、本当に自分が出席すべきかどうか判断できますよね。その結果「私は不適任だと思うので欠席します」（＝招かれた人にとっての「無駄な会議」）「その議題なら、専門知識のある外注さんを同席させます」など、前向きなレスが返ってきます。より適任な出席者が選定されるようになるのです。すなわち、「会議の無駄」が減ります。

③議事録をとりやすい発言を意識しよう

さあ、いよいよ会議本番です。主催者、出席者いずれの立場であっても、わかりやすく、伝わりやすい発言を心がけましょう。大げさなプレゼンテーションは必要ありません。3丁目でお話しした、報連相の伝え方の4つのポイントを踏まえるだけで、会議はググっと良くなります。

①所要時間を示し、相手の都合を確かめる
②まず「報」か「連」か「相」かを伝える*
③結論を伝える
④論点を数で示す（ナンバリング）

ここで、会議における悪い発言と良い発言の例を見てみましょう。

悪い発言

*会議での発言は、これらに加えてあなたの発言の種類（「提案」「意見」「補足」「参考情報」「質問」「反対」「賛成」など）を最初に示すといいでしょう。「提案があります」「反対意見を提示します」「ご参考までに〜」などです。

部長「ほほう。いい提案だね。面白い、面白い。うーん、でもなぁ。予算がちょっと厳しいんだよな。あと、スケジュールも無理がありそうじゃない？　どうなんだろ？　でも、面白そうだよね」

いかがでしょう？　ビミョーですよね。OKはしてくれていないようだけれど、却下されたわけでもない。この発言を受けた提案者は、いったいどうすればいいのでしょうか？

これが、次のような発言だったらいかがでしょう？

良い発言

部長「申し訳ないけど、この提案は受け入れられないな。面白いんだけれどね。理由は2つ。1つめは予算が厳しいこと。2つめはスケジュール面で無理がありそうなこと」

これなら明確ですよね。YES／NOがはっきりしていますし、根拠もわかりやすいです。

「会議で発言をするとき、議事録がとりやすいかどうか？」

それを意識するといいでしょう。議事録を取ったことがある人ならわかると思いますが、曖昧な発言は議事録係を本当に困らせます。

「ええと、結局部長はあの提案に対してどう判断したんだっけ？　『どうなんだろ？』って言っていたから、否決したのかな。あ、でも最後にやたら『面白そう』って言っていたから、再提案しろってことだったのかしら？　……ううん。議事録をまとめようがないぞ！」

議事録をとりやすいということは、その会議の出席者の発言がわかりやすく、かつ結論が明確だということです。議事録係の労力を節約し、議事録のまちがいを防ぐこともできます。また、参加者は議事録の到着を待たずして、次のアクションをすぐ起こすことができます。発言の仕方ひとつで、出席者全員のその後の時間の使い方、奪い方が変わります。

「わかりやすい発言」それは、スキルではなく、他人への気配りとマナーだと心得ましょう。

④会議の3本締め「決定事項」「宿題事項」「次回予告」

会議の最後は3本締めを！　3本締めといっても、「お手を拝借。よぉ～」ではじまるアレではありません（もちろん、景気づけにやってみても面白いと思いますが）。「決定事項」「宿題事項」「次回予告」の3つ（3本）を最後に必ず確認して締めよう、そういう意味です。

これをどの会議でも、あなたが口火を切ってやるようにしましょう。何も難しいことありません。あなたがすべきは、

「では、今日の会議の決定事項を確認しましょう」

と言うだけ。かんたんですよね！　このひとことがあるだけで、主催者や出席者は何が決まったのかを整理するようになります。

続いて、「宿題事項」を確認しましょう。何をしなければならないのか？　だれが？　いつまでに？　どのように？　こんな議論が起こります。

とどめは、「次の打ち合わせの日程を決めましょう」。すなわち、次回予告。その会議で

話し合ったことをなあなあに終わらせず、確実に前に進めることができます。

健全な組織であれば、みんななんとなく、いつもの会議の締まりのなさに不満を持っているはず。ただ、面倒くさがって、だれも仕切ろうとしないだけなんです。そして、締まりのない会議を締めるのは、そんなに大変なことではありません。

最後に、3本締めを漏らさないための工夫として、議事録を定型化してしまいましょう。議事録のフォーマットを作り、「決定事項」「宿題事項」「次回予告」の欄を作っておきます。こうしておけば、忘れずに確認するようになりますよね。また、目的・議題（アジェンダ）・アウトプット・出席者・結論など、会議設定時に決めておくべき項目も網羅しておけば、会議のやり方そのものが標準化され、効率も品質も良くなります。

マインドを変えるには、プロセスを変える

「そうは言ってもさ、なかなか主催者のマインドも参加者の振る舞いも変わらないよね……」

こんなため息が聞こえてきそうです。

☑「仕事の5つの要素」に沿って会議をマネジメントする

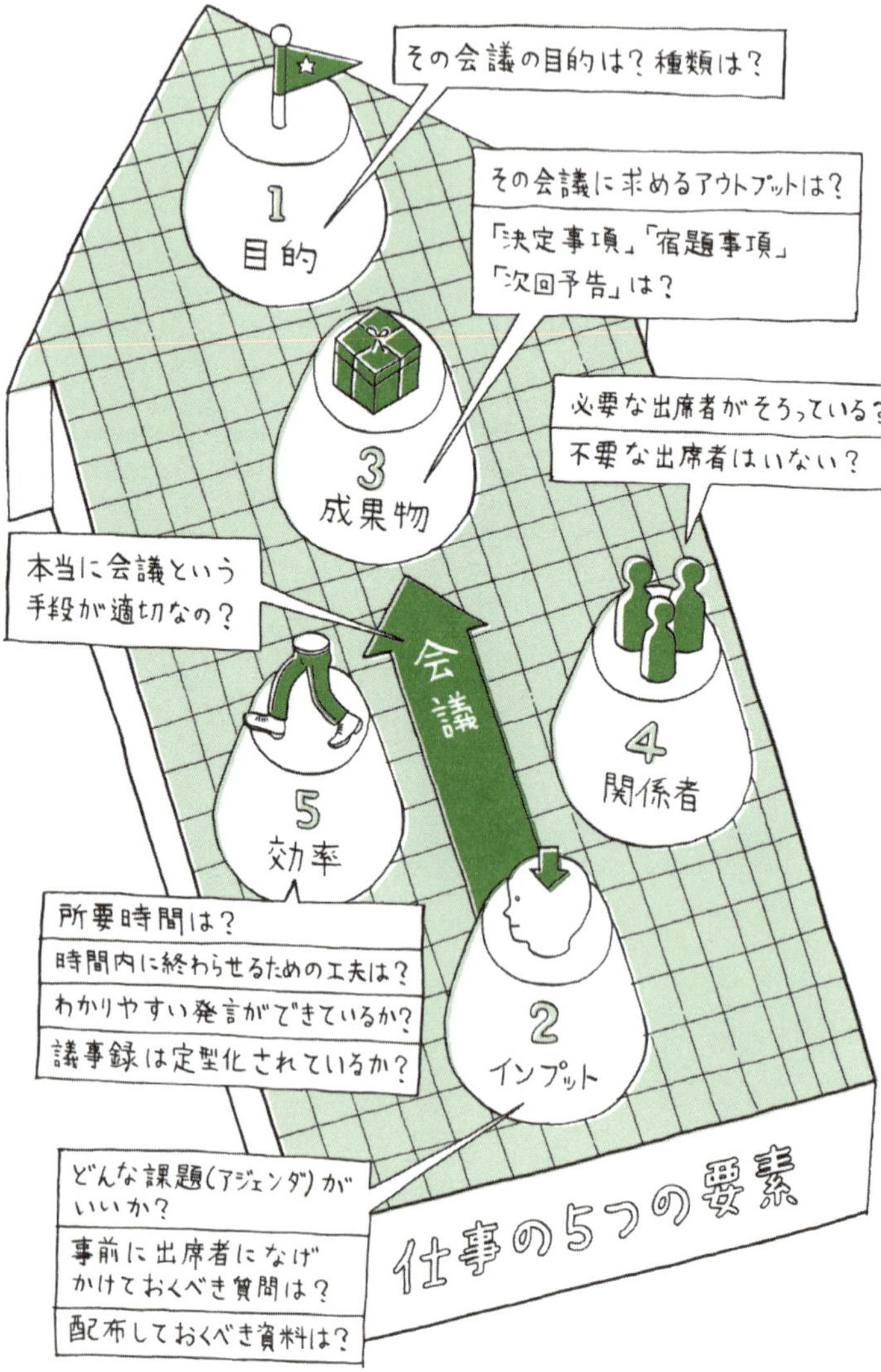
その会議の目的は？ 種類は？
1 目的
その会議に求めるアウトプットは？
「決定事項」「宿題事項」「次回予告」は？
3 成果物
必要な出席者がそろっている？
不要な出席者はいない？
4 関係者
本当に会議という手段が適切なの？
会議
5 効率
所要時間は？
時間内に終わらせるための工夫は？
わかりやすい発言ができているか？
議事録は定型化されているか？
2 インプット
どんな課題（アジェンダ）がいいか？
事前に出席者になげかけておくべき質問は？
配布しておくべき資料は？
仕事の5つの要素

おっしゃるとおり！　目的（種類）とアウトプットを確認しよう、３本締めをしよう……とわかっちゃいるけれど、体が動かない。なんか言い出しづらい。

だからこそ大事なのが、「プロセスづくり」です。

会議召集メールの雛形に「目的」「アウトプット」という欄を作っておく。

会議が始まる前に、ホワイトボードに枠を書いておく。

議事録の定型フォーマットを作っておく。

このような「型」を用意するのも、立派なプロセスづくりです。

型を作って示すだけで、「あれ、この会議の目的って何だっけ？」とだれかが気づいて指摘するようになります。抜け漏れが防げます。やがて、それが組織の行動習慣になります。マインドは、その組織のプロセスやルール次第で変えられるものなのです。

会議のマネジメントも「仕事の5つの要素」に当てはまる

ここまで読み進めて、何かに気づきませんか?

そう、会議のマネジメントは「仕事の5つの要素」にそのまま当てはまるのです。5つの要素の観点で、今一度あなたの職場の会議のあり方とやり方を見直してみてください。

会議とは、なんらかのビジネス上の目的を達成するために必要な手段にすぎません。そもそも会議が手段として効果的なのかどうかも含め、会議の位置づけや運営方法を設計できる「ミーティングマネジメントスキル」がこれからのビジネスパーソン、少なくとも管理職には求められるでしょう。いきあたりばったりの会議はもう卒業! しっかりミーティングマネジメントをして、「無駄な会議」と「会議の無駄」をなくしましょう。

会議のちょっとした工夫で従業員満足は上がる

COLUMN

定例会議の日程の設定の仕方次第で、従業員のモチベーションは変わります。東京日本橋に本社を置く株式会社ラクーンは、小売業向けの卸のインターネットサイトやサービスを運営しています。社長の小方功氏は、自身のブログの記事「コストをかけずに社員が豊かになる方法」で、同社のユニークな取り組みを紹介しています（http://ogatablog.raccoon.ne.jp/?p=326）。

▼定例会議は月金を避ける

定例会議を設定する場合は、極力月金を避けるようにと指示している。

これは有給を取りやすくするためだ。会社として有給の消化を推奨しているが、定例会議が入っているとその休みも取りづらい。

そこで、月金には定例会議を入れないようにとしているのだ。一般的に社員がもっとも有給を希望するのは月金だ。土日に繋げると三連休になるし、実際の連休などは、混んでいて高いので月金をうまく使って旅行すると予算も少なく済むし予約も取りやすい。最近

では連休に海外に出かける社員も少なくないが、連休最終日の飛行機も1日遅らせるだけで随分と安くなる。

社員のプライベートに配慮する。それにより、社員の心の充実が高まり、モチベーションの高い状態で会議に参加してもらえるようにする。これも、ミーティングマネジメントのポイントです。

職場の問題地図

BUS

5丁目

仕事の所要時間を見積もれない

行先
「残業だらけ」の職場
「休めない」職場

accident

!

「ちょっと頼みたいんだけれど、いいかな？　過去6ヶ月間の発注金額を、月別・取引先別にまとめてほしいんだ。どれくらい時間かかりそうかな？」

突然の上司の問いかけ。こんなとき、あなたはすぐに所要時間を見積もって回答できますか？　お初の仕事ならともかく、多少なりとも経験したことのある仕事だったら即答できるはずですよね。

え、即答できない？　だとしたら、それはあなたの仕事のやり方に問題があるかもしれません。そして、その状態を放置しておくと、後々あなたのチームのみんなが泣きを見ることになるかもしれませんよ。

あなたが所要時間を即答できない2つの背景

①経験と感覚で仕事を進める（野生のカン頼み）

いきあたりばったりで仕事を進め、報連相もなあなあ。所要時間なんて意識したことがない。だから、聞かれても回答できるわけがない。そもそも、人によって仕事のやり方も、

☑ 仕事の所要時間を見積もれない原因と影響

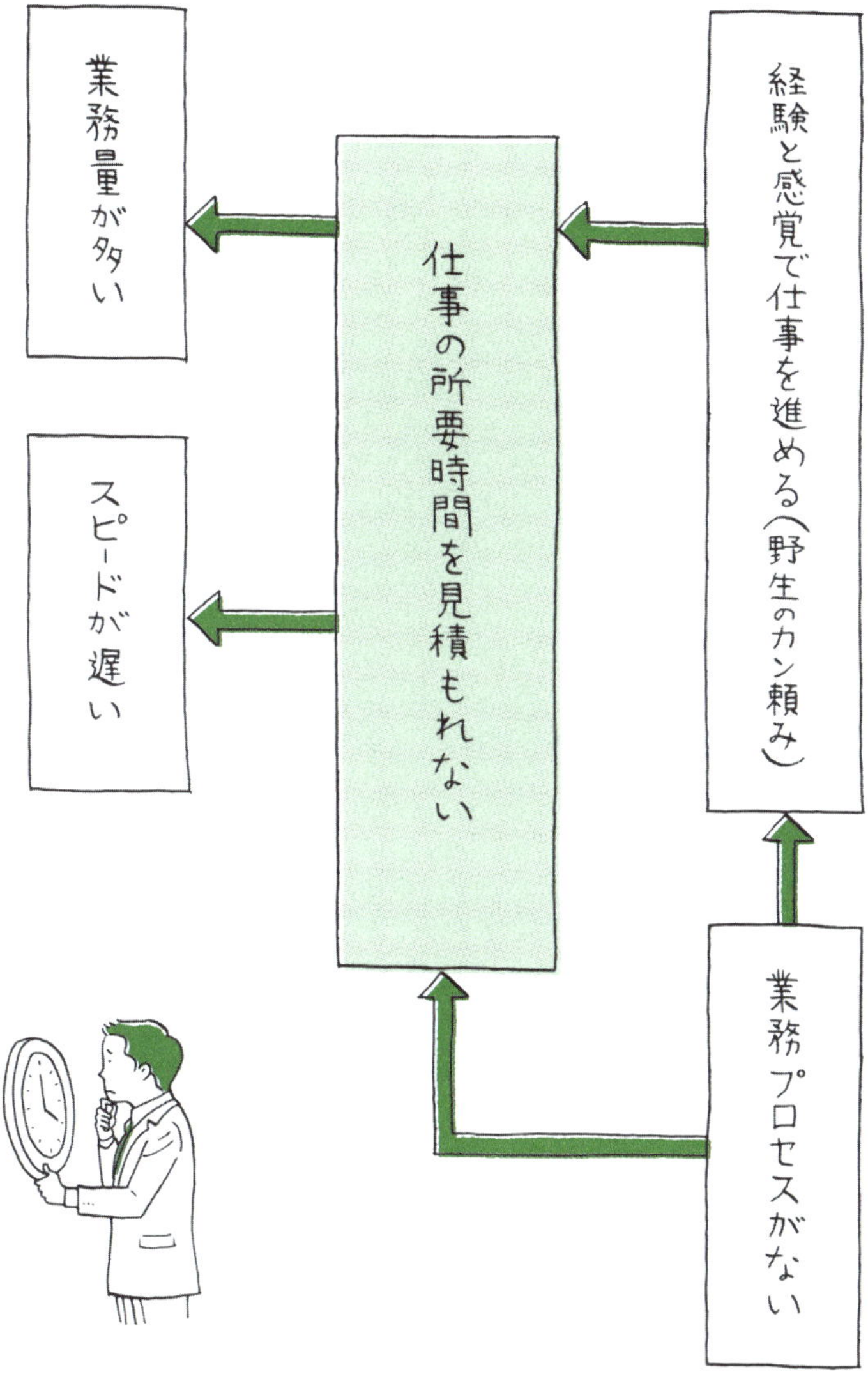
業務量が多い
スピードが遅い
仕事の所要時間を見積もれない
経験と感覚で仕事を進める（野生のカン頼み）
業務プロセスがない

所要時間も違っていそうだし……。しかし、そんな状態で毎日仕事をしていたら、いったいどうなってしまうでしょうか？

みんなが個々人の経験と感覚のみを頼りに仕事を進める状態が常態化してしまいます。私のかつての上司は、その状態を「野生のカン頼み」と表現していました。「うまいこと言う」などと感心している場合ではありません。聞こえはワイルドでカッコイイですが、組織として大いに問題です。

「あなたが休んだら仕事が回らない」
「人によって仕事のスピードや品質が違う」
「だれに聞いたらいいかわからからない」
「後任をきちんと育成できない」

まるで組織の病のデパート！
仕事の所要時間を見積もれない職場環境には、こんな病が潜んでいるかもしれないのです。これを打ち破るためにも、野生のカン頼み状態を放置してはなりません。

☑「野生のカン頼み」状態……放っておくと大変なことに！

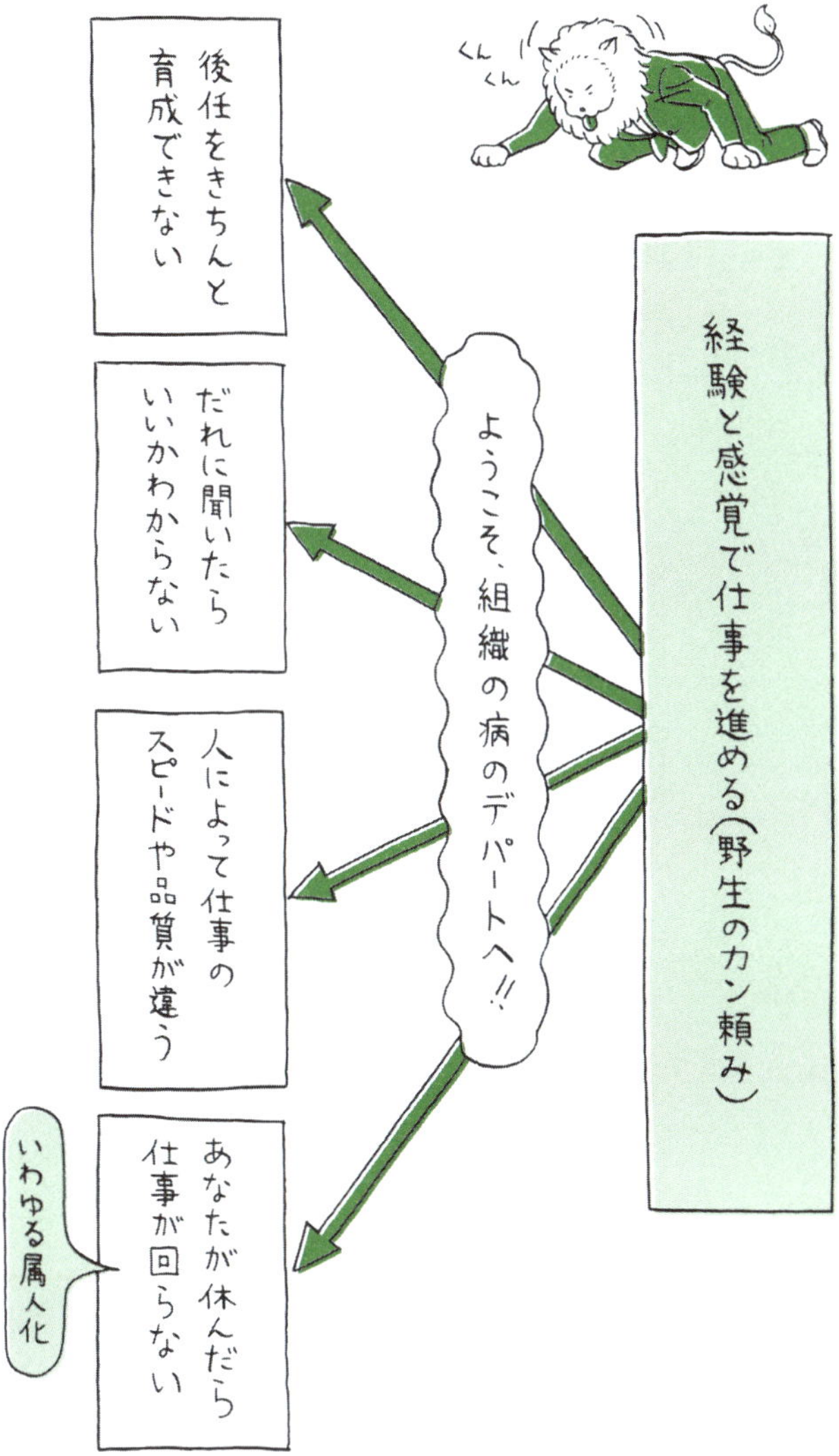

くんくん
経験と感覚で仕事を進める(野生のカン頼み)
ようこそ、組織の病のデパートへ!!
後任をきちんと育成できない
だれに聞いたらいいかわからない
人によって仕事のスピードや品質が違う
あなたが休んだら仕事が回らない
いわゆる属人化

②業務プロセスがない

野生のカン頼み状態の職場を見てみると、仕事のやり方、すなわち業務プロセスがない（あるいは、あっても曖昧である）ことに気づきます。

実例を1つ。神奈川県にあった（過去形です！　営業不振で倒産してしまいました……）、ある子ども向けの教材販売会社のお話。その会社の営業担当者の仕事は、チラシを担当エリアの見込み顧客の家のポストに投函した後、営業をかけて契約を取ってくること。この会社の営業力は、営業マンの気合と根性頼み。仕事のやり方がきちんと定義されていません。よって、営業のやり方は担当者によってバラバラでした。ある人は各家庭を個別訪問し、ある人は訪問はせずひたすら電話をかけまくる。また、自ら学校の近くで小さなイベントを開催し、子どもたちを集めて教材のPRをした人もいました。あ、こんなユニークな営業マンもいましたっけ。チラシをいっさい配らず、商品説明も覚えず、ひたすら「こんにちは！　教材買ってください！」と毎日頭を下げて歩くだけ。彼は野球部出身で、根性だけはだれにも負けない自信があったそうなんです。根性と勢いで、そんな滅茶苦茶なやり方を押しとおしていました。この会社、極端な成果主義でした。

☑ 業務プロセスがない原因と影響

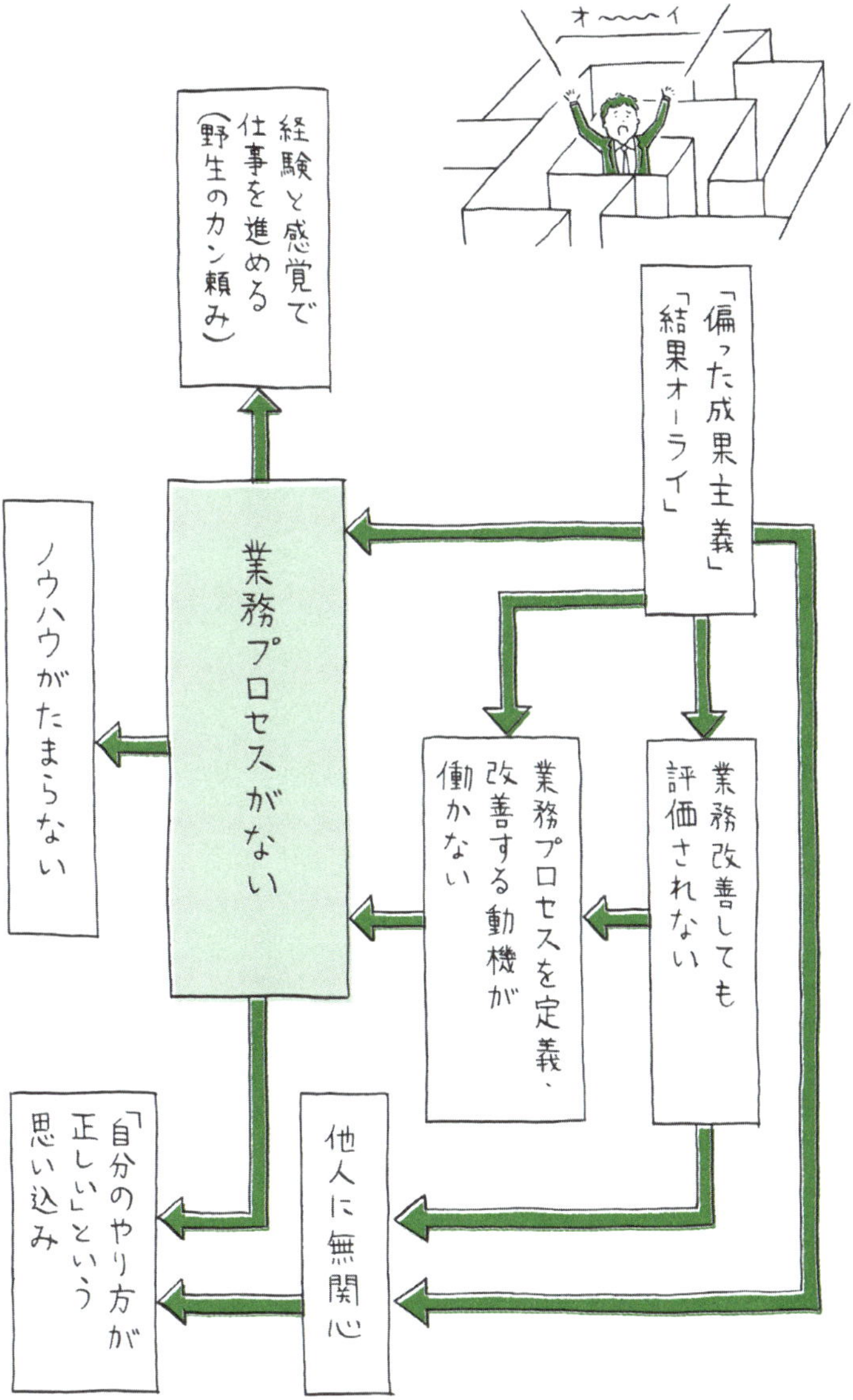
オ〜〜〜イ
経験と感覚で仕事を進める(野生のカン頼み)
「偏った成果主義」「結果オーライ」
業務プロセスがない
ノウハウがたまらない
業務プロセスを定義、改善する動機が働かない
業務改善しても評価されない
「自分のやり方が正しい」という思い込み
他人に無関心

契約が取れさえすればいい。

よって、営業のやり方がバラバラでも、だれも問題に思わない。

そもそも、他人のやり方に興味がわかない。みんなが自分流の仕事に満足し、自分のやり方が正しいと信じて走っている。

人によって営業活動のとらえ方も、中身も違うので、ノウハウが組織に溜まらない。

それでも、とりあえず目先の仕事は回る（回せない人は、勝手に辞めていく）。

当然、「共通の業務プロセスを定義しよう」「仕事のやり方を改善しよう」なんてモチベーションは働きようがない。そもそも、そんなことしたって、営業マンの評価は上がらないですから。プロセスなんて作っているヒマあったら、1件でも多く契約とってこいって話です。

悲しき「3ナイ」連鎖
～共通プロセスがナイ、測定できナイ、改善しようがナイ

共通の業務プロセスがない、言い換えれば仕事を進めるための共通の〝箱〟（仕事の範囲）がないので、上司から「仕事の所要時間を見積もって」と言われて、部下はそこで思

考停止してしまいます。どこをどう測ったらいいのかがわからない。箱のとらえ方は人によってまちまち。そもそも、箱なんてことに考えがおよばない人もいる。

「ええと、自分の仕事って、どこが起点で、どこが終点なんだっけ？」

だれが、どの活動に、どれだけ時間をかけているのか測定不能、比較も不能。これでは、業務改善のしようもありません。

「定義できないものは、管理できない。管理できないものは、測定できない。測定できないものは、改善できない」

品質管理の祖、W・エドワーズ・デミング博士の格言です（氏が提唱した、デミングサイクル＝PDCAサイクルはあまりにも有名ですね）。成果主義のドタバタ職場。事細かな業務マニュアルはなくとも、せめて共通の〝箱〟はきちんと定義して、時間や効率を測定できるようにしておきたいものです。

☑ 業務プロセスのある風景・ない風景

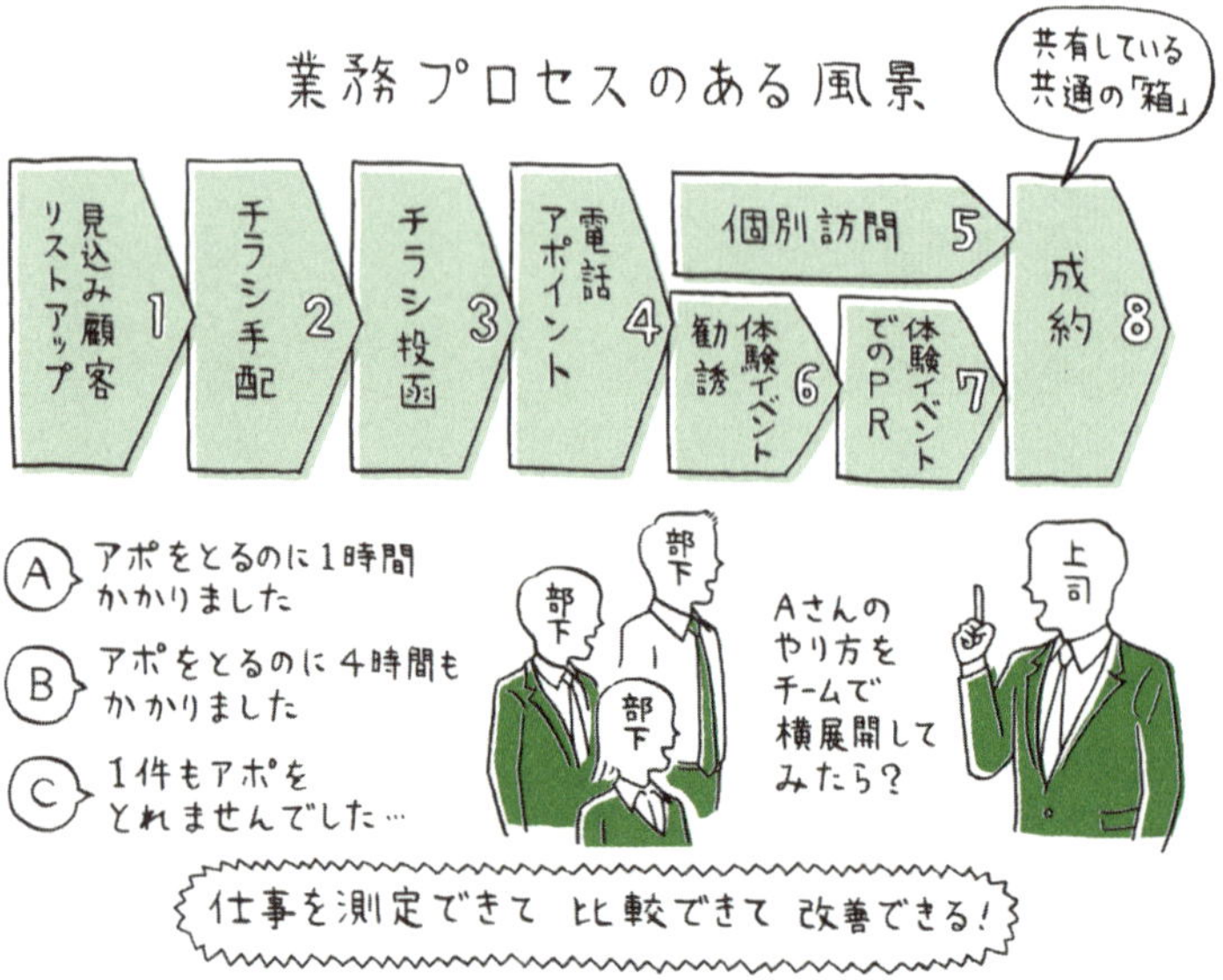

業務プロセスのある風景
共有している共通の「箱」
見込み顧客リストアップ 1
チラシ手配 2
チラシ投函 3
電話アポイント 4
個別訪問 5
体験イベント勧誘 6
体験イベントでのPR 7
成約 8
A アポをとるのに1時間かかりました
B アポをとるのに4時間もかかりました
C 1件もアポをとれませんでした…
部下
部下
部下
上司
Aさんのやり方をチームで横展開してみたら？
仕事を測定できて 比較できて 改善できる！

業務プロセスのない風景
もやもや
とりあえず 成約してください！
あ、チラシくらいは準備してあげるよ
部下
私はこのやり方で
部下
チラシなんて不要！気合で売る！
上司
新人
僕はだれについていけば良いのでしょう…？
部下
俺が辞めたらだれがフォローするんだ？
とにかくがんばってね～

所要時間を見積もれないと、どうなっちゃうの⁉

仕事の所要時間を測っていない、見積もれない。そんな状態の職場では、次の2つを発症しやすくなります。

①業務量が多い

部下に仕事をお願いしたくて、所要時間を見積もってもらいたい上司。しかし、部下からは明確な答えが返ってこない。そんなとき、上司はどう反応するでしょうか？

A「仕方がない、リスクを見て、期限を今週いっぱいで設定するか」
B「とりあえず、気合で今日中にやってもらおう」

部下からすればAがありがたいのですが、残念ながら世の中そうはうまくいきません。Bに倒れるケースが多いのではないでしょうか？

実態がよくわからないから、上司の都合だけで話が進む。
とりあえずみんな気合と根性でなんとかしているから、今回もなんとかなるだろう。
それが繰り返され、上司はどんどんと新しい仕事を引き受けて、部下に流す。
現場は常にアップアップ。

以前、私が出入りしていたITのオペレーションセンターでは、年がら年中、現場のリーダーとセンター長がこんな応酬を繰り広げていました。

リーダー「とにかく、仕事がいっぱいで余裕がないんです。これ以上仕事を持ってこないでください。または人を増やしてください！」
センター長「いっぱいって、どのくらい？　対応件数や対応時間を教えてもらえる？」
リーダー「……とにかく、大変なんです」
センター長「ううん。それじゃ、上に大変さを説明できないんだよねぇ……」

現場の大変さが伝わらない。なぜなら、所要時間や業務量を定量的に示すことができないから。結果、仕事の無限増殖を招いてしまうのです。

☑ 蛙と業務プロセスの意外な関係

僕のやり方が
正しいケロ
あいつの
やり方なんて
知らんゲコ
困ったら、徹夜で
なんとかすれば
いいケロ
他人に
興味ないゲコ
あの…この
業務はどういう
プロセスで
進めれば…
同じ社内・同じチーム内に
井戸がたくさん、井の中の蛙が
たくさん!!

②スピードが遅い

人によって、箱（仕事の範囲）のとらえ方も違えば、やり方も違う。そんな状態では、他人と横並びして仕事の効率やスピードを比較できません。比較対象がない。すなわち、「自分の仕事の効率が良いのか、悪いのか?」「スピードが速いのか、遅いのか?」を相対的に判断しようがないのです（「井の中の蛙」ってヤツですね）。チームのメンバーのだれかがせっかくいいノウハウを持っていても、その人にしか通用しない。いつまでたっても個人個人の仕事のやり方が改善されない。その結果、業務効率もスピードも上がらないままです。

井の中の蛙は、共通の業務プロセス不在の状態がはぐくんでいるのかもしれません。

「一時作業」と「繰り返し作業」の識別ができているか?

では、仕事の所要時間を見積もれるようにするにはどうすればいいでしょうか?

まず第一に、業務プロセスを決める必要があります。すなわち、共通の〝箱〟を定義するのです。これがないことには、その仕事の起点と終点がはっきりしないため、所要時間を測定できません。

ここで、再び「あの図」が登場します。仕事の1つ1つの箱を、5つの要素に沿って定義してみてください。この図の②インプットが③成果物に変わるまでの時間が、⑤所要時間です。この⑤を測定するのです。

このとき、その仕事が「一時作業」か「繰り返し作業」かによって、アプローチが異なります。

「一時作業」の場合（突発的な資料作成依頼など）

かかった所要時間を、実績値として記録します。

そして、似たような仕事が発生した時に、5つの要素をもとに実績所要時間を相手に説明できるようにしておきます。

「以前、このインプットからこの成果物を生み出すのに、3時間かかりました」という感じです。

☑ 仕事の5つの要素に沿って所要時間を測定する

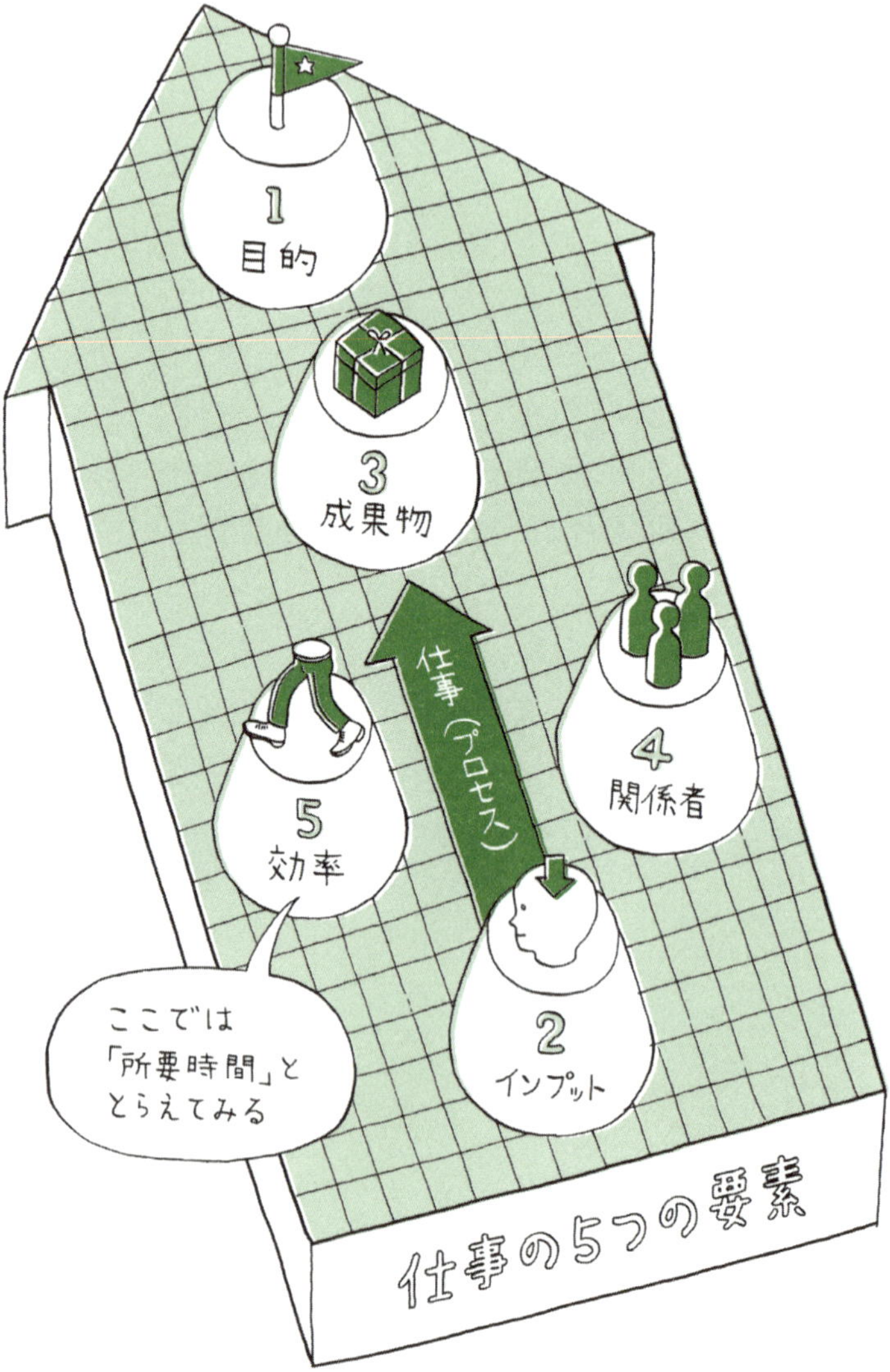
1
目的
3
成果物
仕事（プロセス）
4
関係者
5
効率
2
インプット
ここでは
「所要時間」と
とらえてみる
仕事の5つの要素

「繰り返し作業」の場合（ルーチンのオペレーション、手続き、報告業務など）

作業者全員の所要時間を毎回記録し、分析します。

そして、標準所要時間や目標所要時間を設定し、優れた人のやり方をチーム全体のやり方に横展開するなど、改善活動につなげます。

ここで設定した標準所要時間や目標所要時間は、「私たちは、どの仕事を、どのレベルでがんばるべきか？」を示す、チームの指針にもなります（8丁目に関連します）。

「松竹梅」を示せるか？

一時作業を依頼されたとき、成果物の選択肢を相手に示せると重宝されます。たとえば、あなたが上司から先月の売上データの提供を依頼されたとします。

「国単位、億円単位のデータでよければ、1時間で出せます。支店単位だと、2時間かかります。支店単位、1円単位だと、2時間半はかかりますね。どれにしましょうか？」

こんな感じで、「松竹梅」オプションを提案できたら理想的ですね。

松竹梅は、相手のためだけならず。自分の仕事もラクになります。

相手のメリット　成果物をイメージしやすい、判断に時間がかからない

自分のメリット　作業効率がいい（すでに経験し、パッケージ化された作業を淡々とこなすだけ）

気の利く上司は、「松竹梅の3通り提案してよ」なんて言ってくれます。あなたが上司の立場であれば、部下に松竹梅を考えさせるようにしましょう。それが、仕事の効率化につながります。

松竹梅を提案できるかどうかは、一見、個人のスキルの問題に思いがちです。しかし、これこそ組織の業務プロセスがあっての賜物。業務プロセスがきちんと定義されていて、効率やスピードを測定できていて、過去の仕事が知識化されているからこそ成せる業です。チームで取り組みましょう。

そもそも、仕事を受けるたびに毎回イチから考えていたら、残業はいつまでたってもなくなりませんよ！

COLUMN

空港バスのひと工夫 ～測定が信頼を生む

☑ 前便実績30分

東京・品川区のJR大井町駅。駅前には大きなロータリーがあり、さまざまな行き先のバスが発着しています。羽田空港に向かう京急のリムジンバスもそのうちの1つ。その停留所の案内表示が、なかなか気が利いています。1本前のバスの所要時間の実績を、LEDで教えてくれるのです。これならお客さんは、バスを選ぶか鉄道にするか判断しやすいですよね。

時間がリスク要素になりがちなバス。実績を測定し、開示することで、お客様に安心感を与え、選んでもらえるよう工夫を凝らしているのです。

職場の問題地図

BUS

6丁目

属人化

行先
「残業だらけ」の職場
「休めない」職場

「あの仕事、稲葉さんじゃないとわからないんだよね……」
「キミが休むと仕事が止まるから、這ってでも会社に来い！」
「あ、いいです。私がやったほうが早いので、その仕事は私が全部引き取ります」

仕事の属人化。ともすれば、「ブラック企業」「ブラック職場」を生む根源になりそうなこの現象。多かれ少なかれ、どの職場にも存在する日本社会（あるいは世界？）共通の問題といっていいでしょう。

属人化はなくならないさ、人間だもの

結論から言うと、属人化はなくなりません。あ、その仕事を完全に機械にとって代わらせるのであれば、もしかしたら可能かもしれませんが。そうであっても、機械ではできないイレギュラーな対応など、なんらかの人の手による運用が起こりうるでしょう。人の手を介する以上、属人化は防ぎようがありません。だって、人間だもの。

よって、「属人化をなくそう」なんて大それたコトを考えるのはやめましょう。それは、地震や台風をこの地球上からなくそうとするくらい無謀かもしれません。なくならないの

なくならない、だから「うまくつき合う方法」を考えるのだ！

地震
台風
属人化
地震や台風は
なくしたいけど
なくせない
属人化も
なくしたいけど
なくせない
だから
台風
地震
属人化
うまくつき合う方法を
考えるのだ!!

だから、せいぜいうまくつき合う方法を考えましょう！　前向き、かつ現実的に……。

……と、その前に、属人化が起こるメカニズムを見てみましょう。

次のページの図を見てください。5丁目でひも解いてきた事象が、ほぼそのまま属人化の裏に控えているといっていいでしょう。加えて、人の育成の仕方の問題や、属人状態を手放したくない個人の感情などが悪さをしているようです。

個人の感情の部分。これが最も厄介です。しかし、ここに目をつぶってしまったら、属人化の壁は越えられない（逃げちゃダメです！）。というわけで、まず最初に脱属人化をしたがらない個人の感情と「つき合う方法」を考えてみましょう。

人はなぜ「脱属人化」「マニュアル化」を嫌がるのか？

どうやら、日本企業に勤める人たち（私もその1人でしたが）は、「脱属人化」や「マニュアル化」を避けたがるようです。古い企業のベテラン社員ほど、その傾向が強いといえるでしょう。そして、時にベテラン社員は自分の仕事を剥がされ、マニュアル化されることに激しく抵抗します。

この抵抗、じつは至極もっともなのです。それを理解するために、少し心理学のお話を

☑ 属人化はなぜ起こるのか？

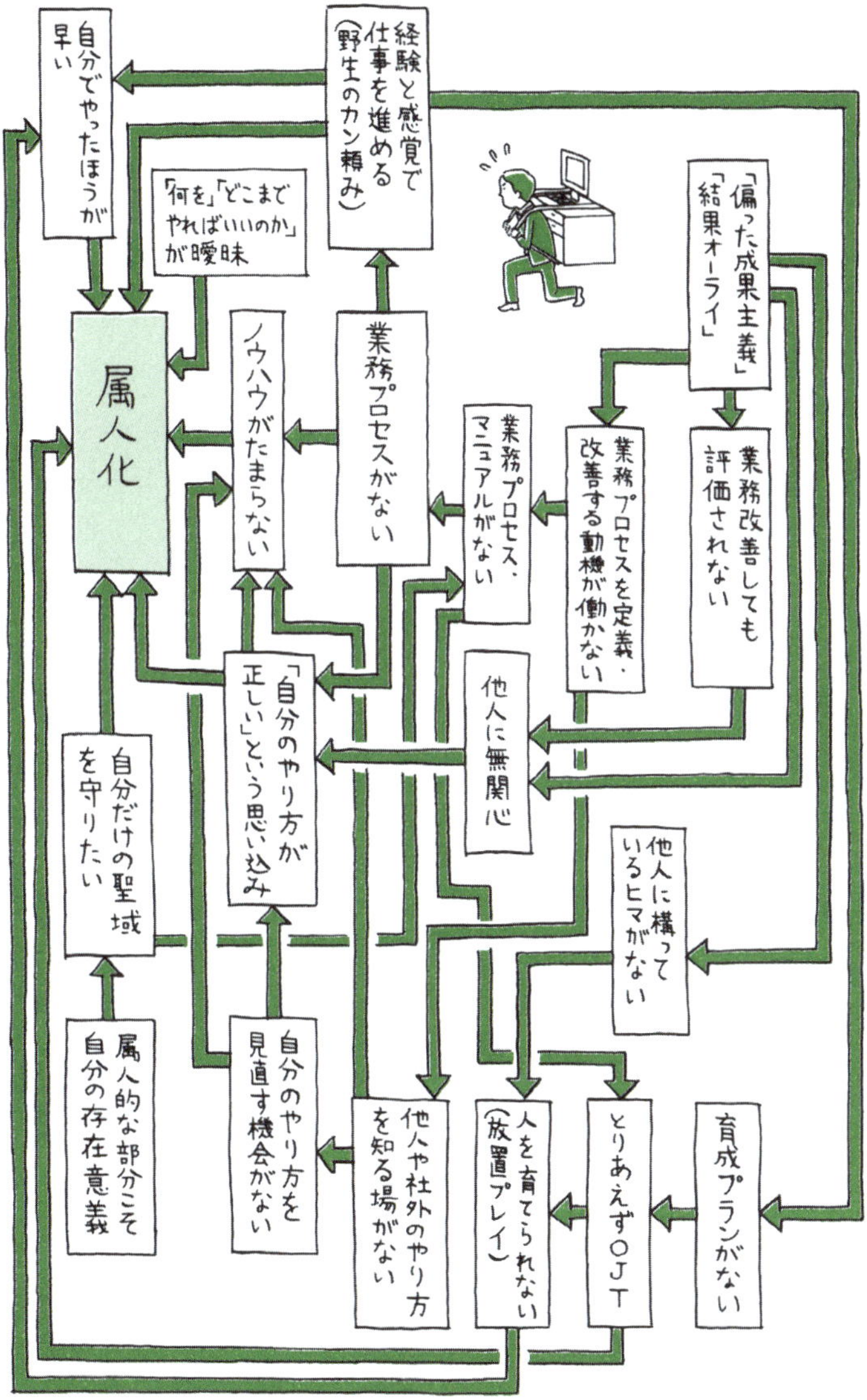
自分でやったほうが早い
経験と感覚で仕事を進める（野生のカン頼み）
「何を」「どこまでやればいいのか」が曖昧
「偏った成果主義」「結果オーライ」
属人化
ノウハウがたまらない
業務プロセスがない
業務プロセス、マニュアルがない
業務プロセスを定義・改善する動機が働かない
業務改善しても評価されない
他人に無関心
「自分のやり方が正しい」という思い込み
自分だけの聖域を守りたい
他人に構っているヒマがない
属人的な部分こそ自分の存在意義
自分のやり方を見直す機会がない
他人や社外のやり方を知る場がない
人を育てられない（放置プレイ）
とりあえずOJT
育成プランがない

しましょう。人間には、次の3つの「認められたい欲求」があると言われています。

①結果承認欲求
②行動（プロセス）承認欲求
③存在承認欲求

①結果承認欲求

自分の行動の結果を他人に認めてもらいたい欲求です。

例

「キミ、5000万円の大型案件を受注したんだってな！　スゴイな」
「この前作ってくれたケーキ、めっちゃ美味しかったよ♪　ありがとう！」

②行動（プロセス）承認欲求

自分の行動そのものを褒めてもらいたい欲求です。

例

「毎日一生懸命お客さんにアプローチしていた甲斐があったな。立派だよ！」

「ケーキ作るの大変だったでしょう？　ありがとうね！」

③存在承認欲求

自分の存在そのものを認めてもらいたい欲求です。

例

「君がいると、職場が明るくなるよね！」

（第三者の前で）「〇〇ちゃんって、ケーキ作るのとっても上手なんだよ！」

「あなたのノウハウは、このチームになくてはならないものだよね」


さあ、ここで考えてみましょう。

脱属人化やマニュアル化に抵抗する人たち。彼らは、属人化した仕事を回している自分、自分にしかない（と思っている）独自の知識やノウハウに、自分の存在意義を感じているのではないでしょうか？　属人的な部分こそが自分の存在意義であり、その聖域を侵されたら、存在承認されなくなる。そんな恐怖感があるのかもしれません。

目には目を、歯には歯を、承認欲求には承認欲求を！

人間の承認欲求を無視して、無理に脱属人化を推し進めようとしても、うまくいきません。ベテラン社員はノウハウを出してくれないですし、人間関係にも禍根を残すでしょう。

では、どうしたらいいいか？

ベテラン社員の承認欲求を別の形でくすぐりながら、ノウハウを引き出すのです。たとえば、

- **脱属人化・標準化の取り組み自体を評価する**
- **ノウハウや知識の公開・共有を評価する**
- **その人に、育成者としての地位と名誉を与える**

などして、ノウハウを提供することが彼らの誇りになるようにするのです。

これらを促進するには、職場の風土づくり（「場」づくり）と、それを後押しする人事

制度や評価制度の整備（「制度」づくり）も重要です。ある会社では、人事評価項目に「他社貢献（他者貢献）」というのがあって、自分が得た経験や知識を他人に公開するとその人にボーナスポイントが与えられるようになっています。

目には目を、歯には歯を。承認欲求には承認欲求を！

「良い属人化」か「悪い属人化」かを見極める

脱属人化は現実的ではありません。さりとて、属人化の状態をそのまま放置しておくわけにもいきません。

世の中には2つの属人化があります。「良い属人化」と「悪い属人化」です。「属人化」とひと括りにせずに、まずは良し悪しを見極めて、つき合い方を考えましょう。

次のビールの絵を見てください（あ、飲みたくなっちゃいました?・）。これは、仕事を2つの要素に分解したイメージです。下は「あたりまえ部分」、すなわちチームとして最低限やらなければならない仕事。それに対して、上は「付加価値部分」、すなわちやらなくても何とかなるけれど、やってくれたらうれしい仕事や、下の「あたりまえ部分」の品質やスピードを上げる取り組みです。

☑「あたりまえ部分」と「付加価値部分」

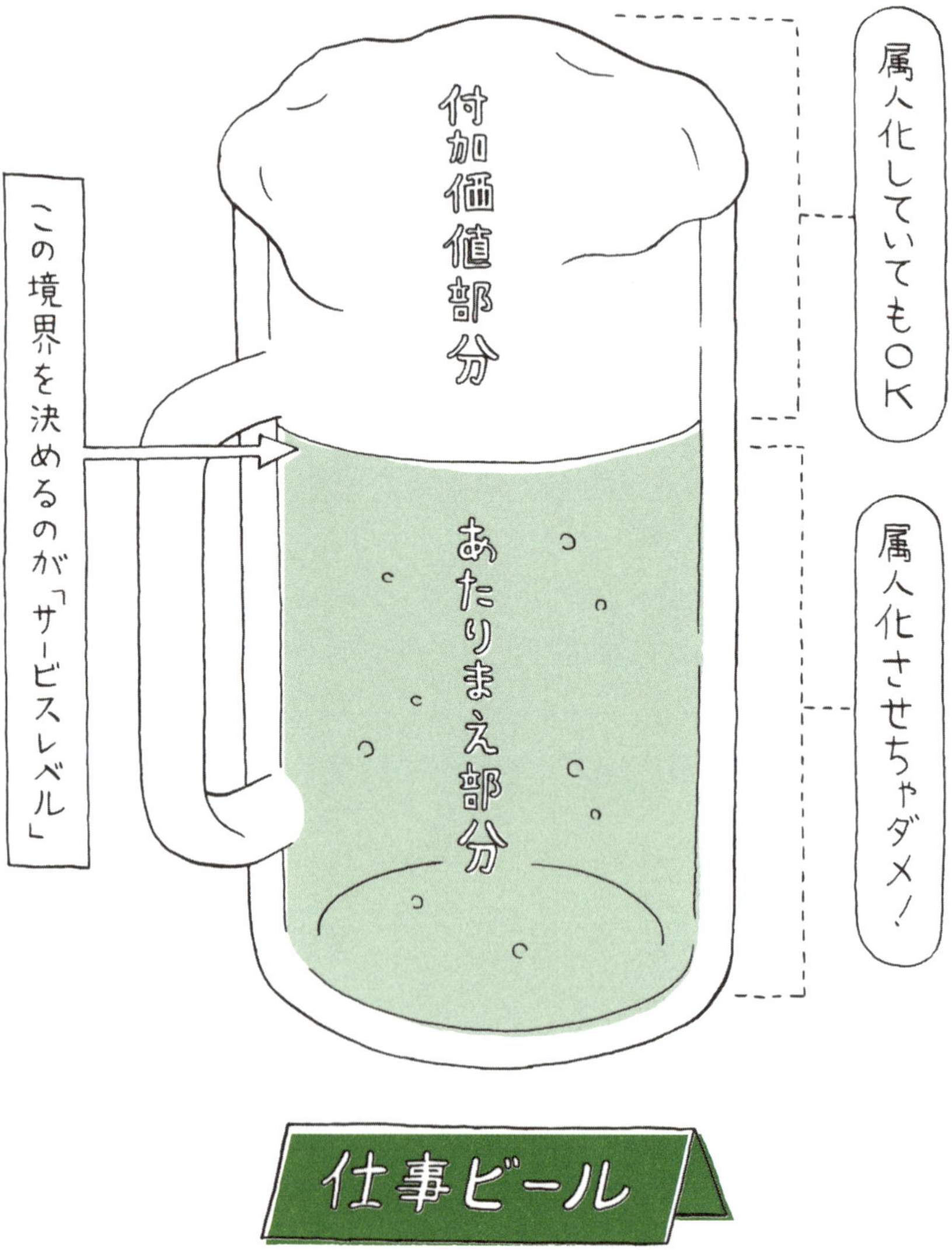
付加価値部分
あたりまえ部分
この境界を決めるのが「サービスレベル」
属人化していてもOK
属人化させちゃダメ！
仕事ビール

これをもとに、「良い属人化」と「悪い属人化」を定義すると、次のようになります。

良い属人化

「あたりまえ部分」の仕事はその人でなくても回すことができている状態。付加価値部分はあったらうれしいが、なくてもなんとか仕事は回る状態。

悪い属人化

「あたりまえ部分」の仕事が特定の人しかできなくなっている状態。

たとえば、あなたの職場がＩＴのヘルプデスクだったとします。お客さんが電話で問い合わせをすると、システムの操作方法を教えてくれる。あるいは、インターネットの接続方法を教えてくれる。これは下の「あたりまえ部分」に当たるでしょう。ヘルプデスクのメンバー全員ができなくてはいけません。一方、ベテランのＡさんは、システムの操作方法だけではなく、効率のいい使い方や裏技も教えてくれる。かつ、ほかの人よりも説明がうまく、短時間で教えてくれる。あるいは、再びお客さんがインターネット接続のトラブルに遭遇した時に自力で解決できるよう、簡易マニュアルを作ってメールで送っている。

これは「付加価値部分」です。この部分は、Aさんにしかできなくても、チームとしてはまあ困りません。これは「良い属人化」と言えるでしょう。

もちろん、チームの価値とお客様満足を上げるためには、付加価値部分の知識やノウハウの脱属人化〜横展開が重要です。「あたりまえ部分」のレベルアップにもチャレンジしましょう。

「悪い属人化」から脱出しよう〜優先度&属人度マトリクス

そうはいっても世の中、「悪い属人化」がはびこっています。少しでも「良い属人化」に持っていくには、どうしたらいいでしょうか?

1つのフローチャートを紹介します。これは、私がクライアント先の業務を整理するのに使っているものです。このフローに沿って、「仕事の優先度」と「属人化の度合い」の2軸で、「脱属人化ができそうか?」「できないとしたら、いかにその仕事の優先度を下げるか?(属人化していてもやむをえない状態にするか?)」を判断していきます。

こうして優先度と属人度の軸で各業務を評価し、その結果を129ページのマトリックスにプロットします。

☑「属人化」分析フローチャート

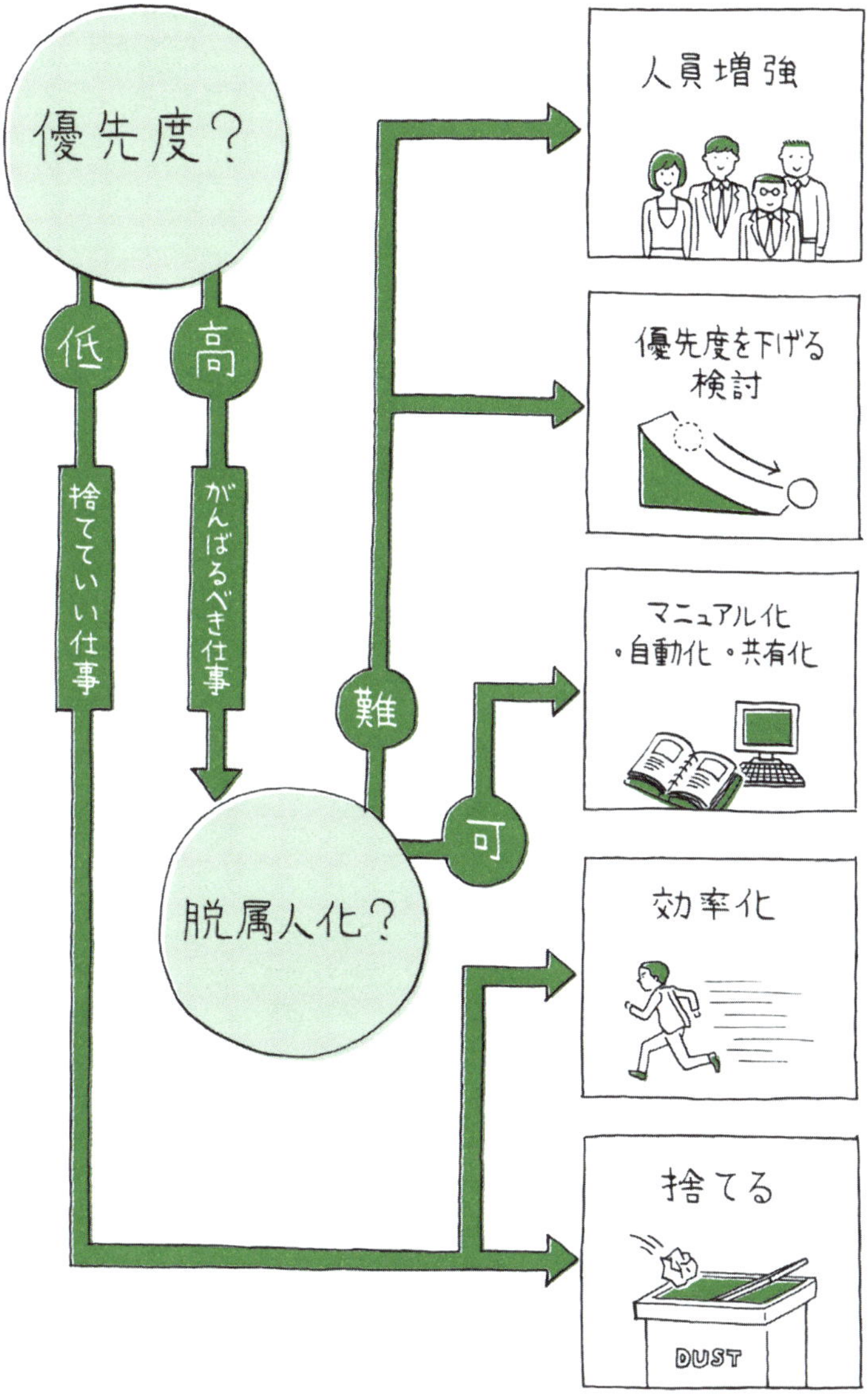
優先度？
低
高
捨てていい仕事
がんばるべき仕事
脱属人化？
難
可
人員増強
優先度を下げる検討
マニュアル化
・自動化・共有化
効率化
捨てる
DUST

ゾーンⅠ

優先度も属人度も高い領域。脱属人化できないものは人員増強などで補強しつつ、なるべく優先度や属人度を下げて、ゾーンⅡかⅢに持っていく検討をする。

ゾーンⅡ

属人度は高いが、優先度はそれほど高くない領域。ある程度の属人化は許容しつつ、対応期限に余裕を持たせる（その人が出社しているタイミングで対応すればよしとする）など、ベストエフォートで対応するようにする。その業務の利害関係者（上司、関連部署、お客さんなど）への説明と理解を得る努力も必要。

ゾーンⅢ

優先度は高いが、属人度は低い領域。この領域の業務は、標準化・マニュアル化を進めて、なるべく効率を上げる努力をする。

ゾーンⅣ

優先度も属人度も低い領域。この領域には、そもそもやらなくてもいいような業務も含まれているかもしれない。思い切って捨てる検討もしてみる。

☑ 優先度＆属人度マトリクス

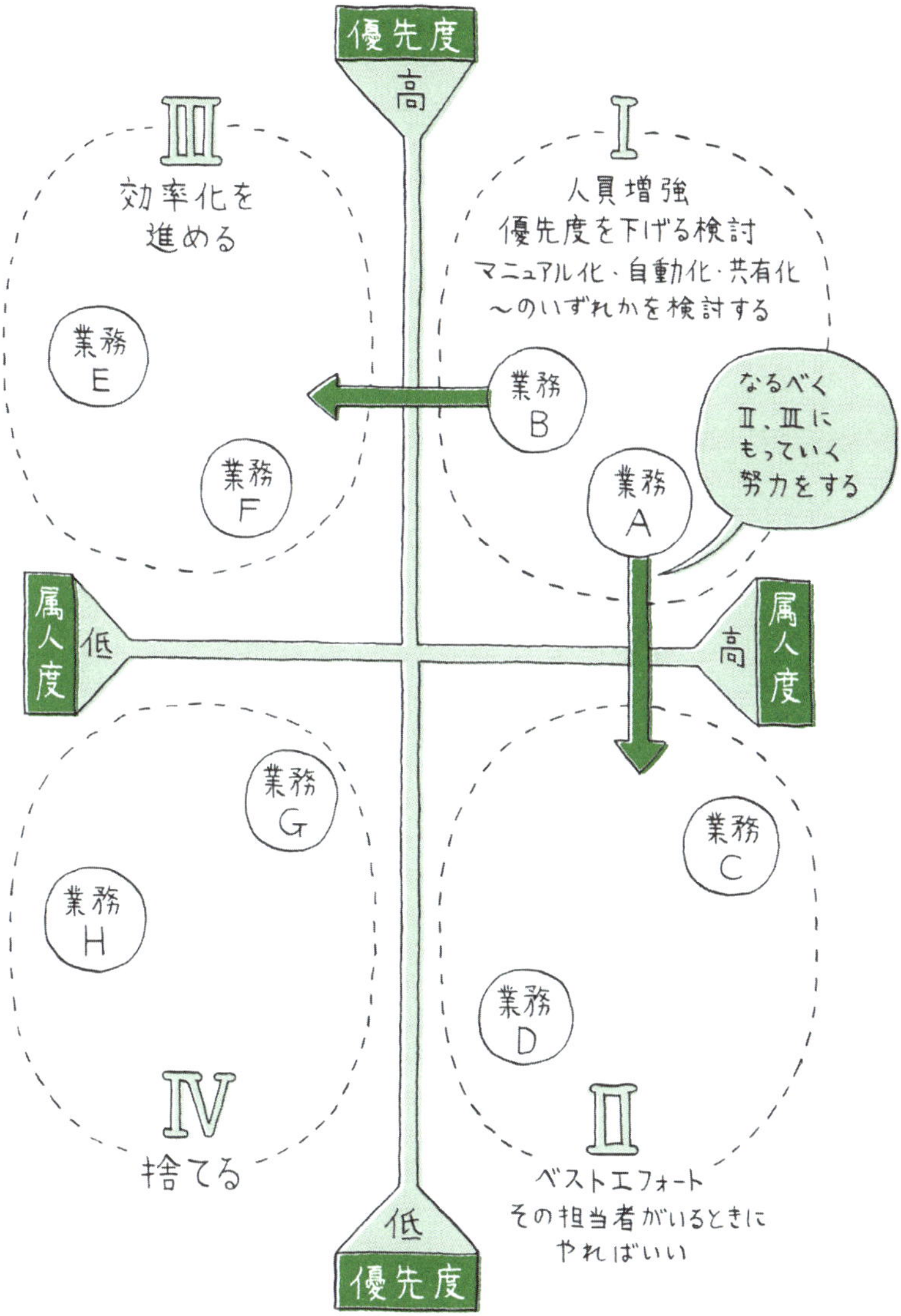

《6丁目》属人化

属人化は完全にはなくせません。しかし、軽減することは可能です。まずは現行業務を洗い出し、プロットして、チーム全員で眺めてみてください。そして、属人化にどうつき合うかのスタンスを決めましょう。

マニュアルは引き継ぎのときに作ってしまえ!

人事異動の季節は、なにかと落ち着かないものです。特に、ベテラン社員の異動はドキドキもの。

「あの人の属人化した厄介な仕事、だれが引き継ぐのか?」

みんな上司と目を合わせないよう、息を殺して気配を消しています。そんな中、静かに響く上司の靴音。「コツコツコツコツ」それは、静かにあなたの背後に迫ってきているではありませんか。

「キミさ、悪いんだけれど○○さん（異動するベテラン社員）の仕事、引き取ってもらってもいいかな？」

キター！！！　上司の無慈悲なひとこと。しかし、あなたは覚悟を決めなければなりません。サラリーマンですから。

——仕方ないな。ま、テキトーに引き継ぎを受けて、テキトーに仕事しよう。

……と、ちょっと待った！　ここでテキトーに引き継ぎを受けてしまうと、後々痛い目を見ますよ。

日本の企業において、多くの場合、業務の引き継ぎは前任者からの口頭説明やＯＪＴ（On the Job Training）のみで行われることが多いのではないでしょうか？　前任者の業務が属人的なものであればなおのこと。すべて前任者の経験と感覚と趣味（？）で行われていて、それを今まさにあなたに口伝で引き渡そうとしている！　これ、「属人化」のリレーをしているにすぎません。

では、どうすればいいのか。気が進まないかもしれませんが、引き継ぎを受けるあなたがしっかりマニュアルを作ってしまいましょう。ノートパソコンを立ち上げて、引き継ぎの説明を聞きながら、手順をテキストに記述する。必要に応じて画面キャプチャや写真を挿入する。それだけでも十分です。

「前任者の趣味やこだわりで続いていた無駄な作業」を切り捨てよう

その際、せっかくなので、不要な作業は切り捨ててしまいましょう。単に前任者の趣味やこだわりで続いていた無駄な作業って、意外とあるもの。それをそのまま踏襲していたら、仕事はいっこうにラクにならないですよね。仮にもともと1時間かかっていた仕事があったとして、担当者が変わるごとに自分のこだわりで10分ずつ新たな作業がONされていったとしたら、3代目で1時間半の仕事に！

引き継ぎ受けは、その仕事の無駄をリセットするチャンスです。新任者ならではの新鮮な目で、背景や意味を改めて見直し、仕事をスリムにしましょう。

「だれでもできるようにしていますから、私でなくても大丈夫です！」

☑「こだわり」がONされ続けると大変なことに！

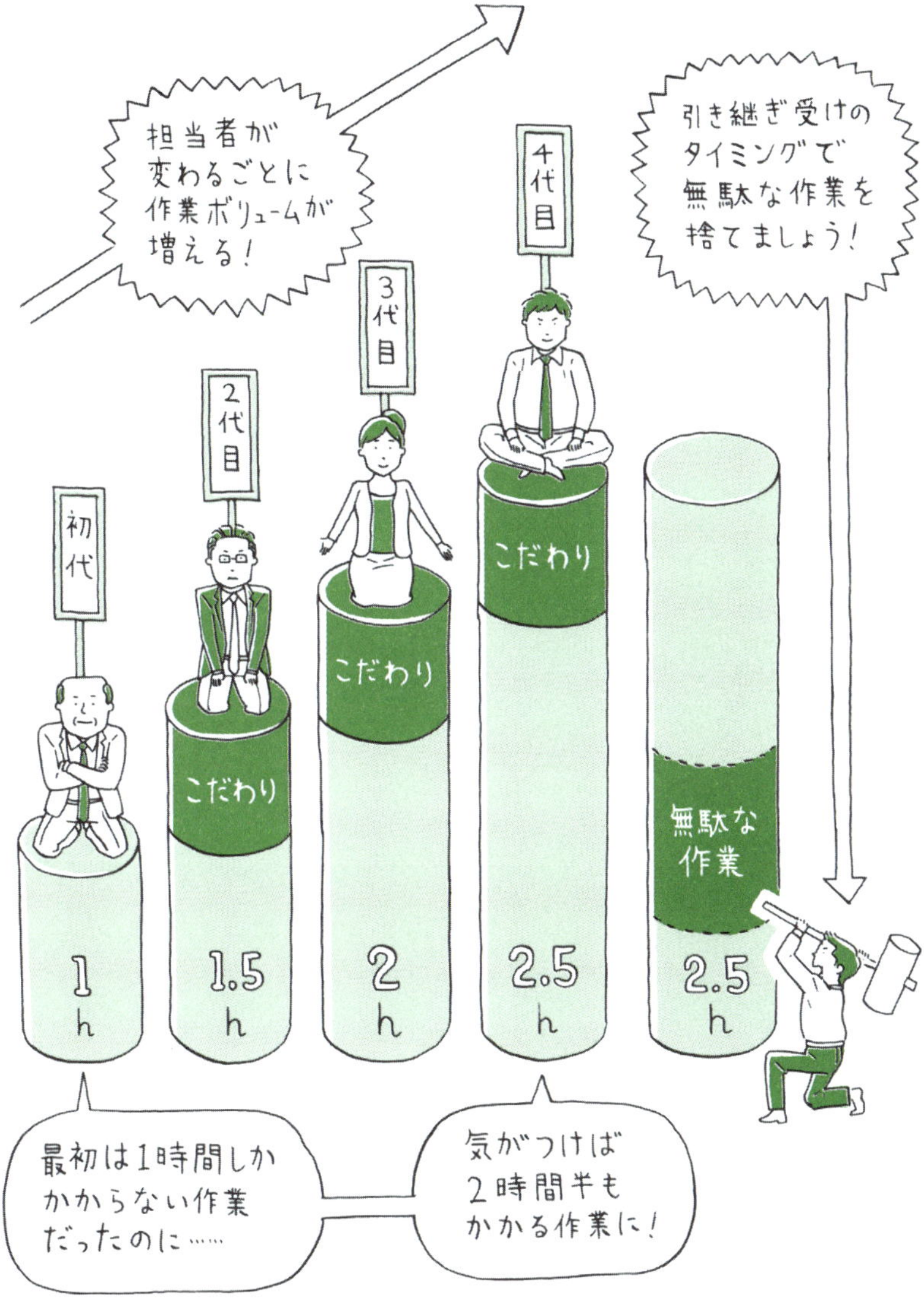
担当者が
変わるごとに
作業ボリュームが
増える！
引き継ぎ受けの
タイミングで
無駄な作業を
捨てましょう！
初代
2代目
3代目
4代目
こだわり
こだわり
こだわり
無駄な作業
1 h
1.5 h
2 h
2.5 h
2.5 h
最初は1時間しか
かからない作業
だったのに……
気がつけば
2時間半も
かかる作業に！

そう言えるようにしたいですね。
最後にもう一度、引き継ぎを受けるときにすること2つを押さえておきましょう。

①ここぞとばかりに、マニュアルを作る（口伝のリレーはNG！）

②これを機に、不要な作業は捨てる

嫌な仕事ほどマニュアル化しよう

COLUMN

「嫌な仕事であればあるほど、マニュアル化してラクにこなそう」

これ、私のポリシーです。昔話をひとつ。私は20代の頃、自動車会社の購買担当者（バイヤー）をしていました。おもな仕事はサプライヤーさん相手に価格交渉をしたり、入札を仕切ったり、新しいサプライヤーを開拓すること。加えて、チーム全体（＝各バイヤー）の原価低減の実績を集計し、購買システムにインプットする仕事が毎月ありました。この実績集計が嫌でたまらなかった！

まず、集計がとても大変。何人ものバイヤーに当月の実績値を聞いて回り、値におかしいところがあれば（たいていおかしいところがある）確認して、修正しなければなりません。

さらに、数値の加工があります。バイヤーに聞いた値をそのままシステムにインプットする程度ならラクなのですが、チーム単位にまとめて、さらにシステムインプット用の値に変換しなければならないのです。これもなかなか骨の折れる作業でした。

そもそも、毎月決まった日に必ずこの面倒な作業をしなければいけない拘束感が苦痛でたまらない。毎月ブルー。そこで、思いきってこの嫌な仕事と向きあい、手順を作ってマニュアル化しちゃいました。その結果。

・毎回考えなくて済むようになった
・淡々と、短時間でこなすことができるようになった
・最終的に、派遣さんにその仕事を渡すことができた！

めでたし、めでたし。

毎回考えるのって、大変ですよね。

「あれ、これってどういうやり方だったっけ？」
「これ、どうすればいいんだっけ？」

時間もかかり、非効率きわまりナシ。しかし、それが嫌な仕事であればあるほど、ついつい目を背けたくなって、〝やっつけ仕事〟で対応しがちです。その結果、次に同じ仕事をするときもまた考えることに。さらに、〝やっつけ仕事〟だと仕事の品質もばらついて、結果「NG」。やり直す羽目になります。すなわち、嫌な仕事に延々とつき合うことになるのです。苦痛増進。

嫌な仕事だからこそ、マニュアル化して、短時間で淡々と済ませられるようにしてしまいましょう。

「ああ、この仕事イヤだ」↓すぐ、マニュアル化！

職場の問題地図

BUS

7丁目

過剰サービス

行先
「残業だらけ」の職場
「休めない」職場

「前の人はやってくれたのに、なんでやってくれないの？」

「はい、経理サービスセンターです！」

あなたは、大手電機メーカーの子会社に勤める社員です。所属は経理サービスセンター。親会社の経理部門のオペレーション代行がミッションで、親会社社員からの経費申請を受けつける仕事をしています。

今日も、あなたの机には申請書が山積み。1つ1つ手に取り、記入内容に不備がないか確認します。おっと、見慣れないフォーマットの申請書があるぞ。社有車利用申請書……？これってたしか、提出先はウチじゃなくて総務サービスセンターだよね。差し戻ししなくちゃ。受話器をつかみ、申請者の内線番号をプッシュ。すぐに電話がつながった。

「お世話になっております。こちら、経理サービスセンターです……」

あなたは手早く状況を説明し、相手に申請書を返送する旨を伝えます。ところが、相手の反応は……

「ええ？　わざわざ提出し直さなければいけないんですか？」

どうも釈然としていないようだ。

「以前そちらにいらした大場さんという方は、毎回総務サービスセンターに転送してくれましたけどねぇ」

初耳だ。そもそも、申請に不備があったら、申請者に送り返すのがルールだったと思うけれど……。それに、転送作業って結構手間がかかるのよね。

「人によって対応が違うって、どうなんでしょう？」

電話向こうの相手は、明らかに不服そうだ。そんなこと言われても、それって大場さんが勝手にやっていたことでしょ？　なんで責められなければいけないの？　……でも、いきがかり上やむをえない。

「では、今回はこちらから総務サービスセンターに転送します」

そう答えて受話器を戻す。

定時後、残業して転送作業をするあなた。そこに上司がやってきました。なんだろう、労いの言葉でもかけてくれるのかな？

「おいおい、キミまだいたの!?　ダメダメ。早く帰ろうよ。そんな仕事、明日でいいからさ」

ええっ!?　まさかのお叱り!?　一生懸命がんばっているのに……とほほ。

ありがちな「過剰サービス」の悲劇です。

過剰サービスはなぜ生まれるのか

過剰サービスの背景を見てみましょう（１４４ページの図）。

……と、ここでも出ました「属人化」！　担当者によってやり方がバラバラ。それが過剰サービスの一因であることは、まちがいありません。属人化は職場の問題の原因の王様ですね。

ほかに、どんな原因が考えられるでしょうか？　１つずつ見てみましょう。

①仕事の優先度の意識がバラバラ

あなたは「今日中にやるべき仕事だ」と思ってがんばった。しかし上司は「残業してまでする仕事ではない」と思っていた。すなわち、同じチーム内で仕事の優先度の意識が合っていなかったのです。

②「自分のやり方が正しい」という思い込み

前任の大場さんは、宛先違いで届いた申請書をしかるべき提出先に転送していました。

☑ 過剰サービスが起こる背景

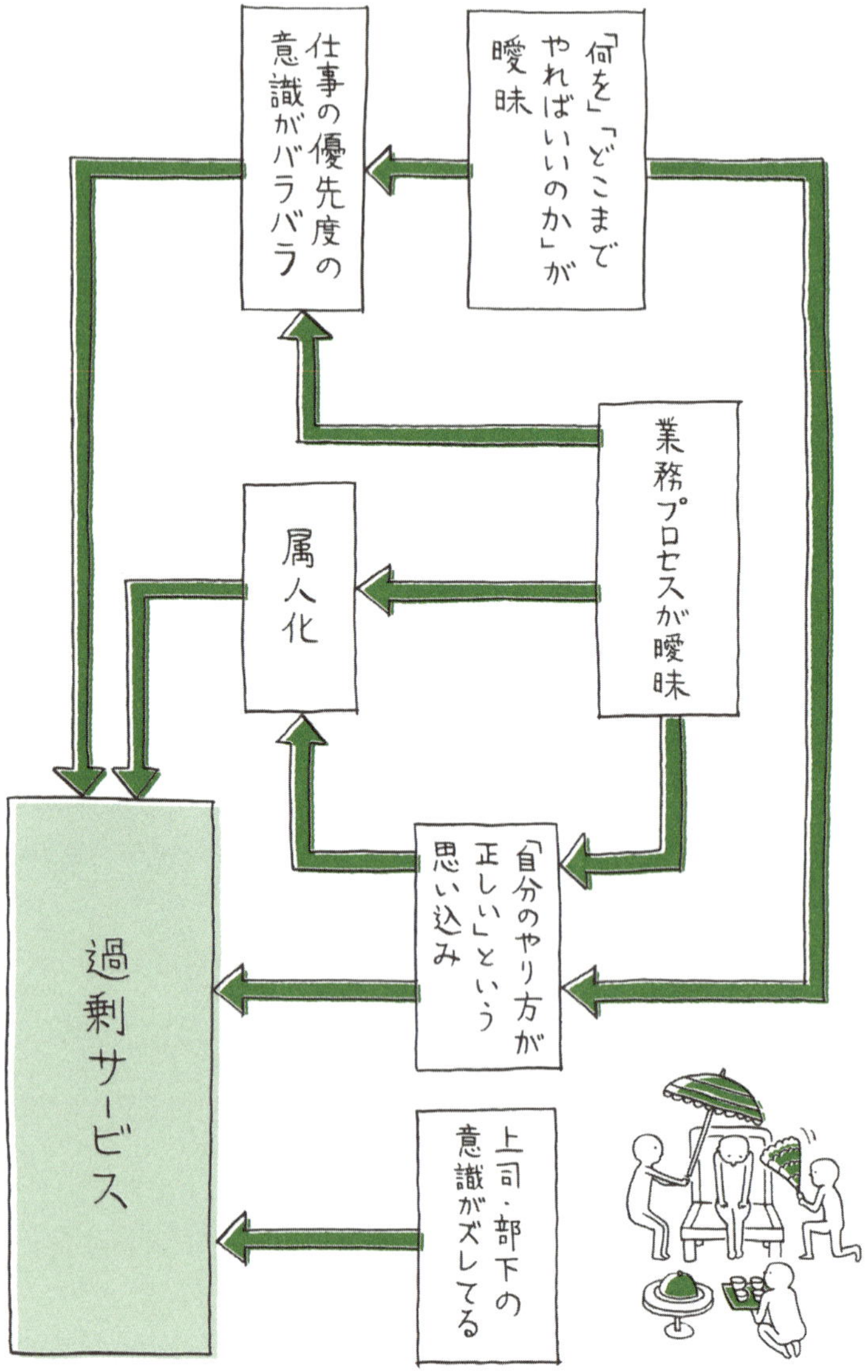

単に気を利かしただけかもしれませんが、それが正しいと思ってやっていた可能性もあります。

その結果、相手の期待値を上げてしまいました。それが「付加価値提供」のレベルならまだしも、ルール逸脱であったり、大きなコストや手間を発生させるレベルであったり、その人にしかできないスペシャルな能力の提供であったとしたら、ちょっと考えものですよね。

③「何を」「どこまでやればいいのか」が曖昧

そもそも、この職場では「何を」「どこまでやればいいのか」があやふやでした。

「申請に不備があった場合の対応ルールは?」
「夕方4時以降に受けつけた案件を、どこまで処理するべきか?」
「受付処理、差し戻し処理が残っている場合、どちらを優先すべきか?」

このように、対応ポリシーや優先度を判断する統一ルールがあれば、意識のズレは起きなかったでしょう。

そもそもコミュニケーションがとれていれば……

この3つの裏にはさらに1つ、大きな原因が控えています。

「上司・部下との意識ズレ」

はい。2丁目で見てきましたね。このケースも、上司と部下、あるいはチーム内のメンバー同士のコミュニケーションがとれていれば、トラブルは防げたかもしれません。

「宛先違いで別の申請書が届くことがある。こちらで転送してあげたほうが利用者は喜ぶと思うが、それでいいか?」

「この仕事はどうしても今日中に終わらせたい。1時間残業してもいいか?」

日ごろから、仕事の対応ルールや優先度はきちんと確認しておきたいもの。そのためには、上司は相談しやすい雰囲気づくりや、場づくりにも気を配りたいですね。3丁目で、

「報連相をする場やルールを作ろう」と説明しました。なかば強制的に全員が集まる場を作って、そこでコミュニケーションをとるようにするのも手ですよ。

ちょっとした善意や正義感が裏目に出る

このケースでは、相手の期待と自分（たち）が提供するサービスのレベルのズレがトラブルにつながりました。特筆すべきは、メンバーの善意が裏目に出てしまっていること。

「ここまでやってあげたら、お客さんにもっと喜んでもらえるだろう」

「上司に提出する報告資料。せっかくだから、カラフルにして、アニメもたくさんつけて……」

「どんな案件も、私はその日のうちにさばく！」

過剰サービスの裏には、こんな個人のちょっとした善意や正義感が存在します。ところが、時にそれが無駄ながんばりだったり、余計なお世話だったり、相手の期待値を上げてしまう好意だったりする。そして、それが原因で責められる……。

「よかれ」と思ってがんばったのに、叱られる。それでは、メンバーのモチベーションも下がりますよね。「もう二度と余計な気づかいなんてするものか！」「がんばったりなんてするものか！」って思うかも。大事なメンバーに悲しい思いをさせないためにも、「何を」「どこまでやろうか」をチームできちんと定義しておきたいものです。

「その仕事をどこまでがんばるべきか？」
「どのレベル（品質・スピードなど）で提供すべきか？」

この決めごとを「サービスレベル」といいます。業務にサービスレベルが設定されていれば、何が「過剰」で何が「あたりまえ」かをメンバーは悩まずに判断できます。

では、サービスレベルにはどんな内容を定義したらいいか？　次の8丁目でくわしく説明します。

職場の問題地図

BUS

8丁目

「何を」「どこまでやれば いいのか」が曖昧

行先
「残業だらけ」の職場
「休めない」職場

「あのさ、そっちでやってもらえないかな？」を断れない悲劇

とある企業の、情報システム部のお話。入社4年目の小南くんは、営業システムの運用管理を担当しています。

金曜日の夕方5時。「今日はひさびさに定時であがれそうだな」小南くんは掛け時計をちらちらみながら、帰りじたくを始めます。そのとき……

「プルルルルルル」

机の上の電話がけたたましく音を立てる。ディスプレイを見ると……営業管理部の中島課長の名前が。社内では気まぐれ課長で有名な曲者。嫌な予感がするな……

「あ、ども中島です。小南くん、あのね、1つお願いがあるんだよね……。営業部の大規模な人事異動はあなたも知っているよね？　でさ、来週月曜に150名も異動してくるこ

とになっちゃって。で、月曜日からさっそくこの150人が営業管理システムを使えるようにしてほしいんだよね～」

それはつまり、150名分のシステム利用権限登録をいまからやれということだろうか。ユーザーが営業管理システムを使えるようになるには1日かかる。夜間のバッチ（一括）処理を介さないと、権限が有効にならないためだ。嫌な予感的中……

「ええと、火曜日から利用できるようになる……ではダメですかね？　もう、こんな時間ですし……」

ダメもとで聞いてみる。それならば、月曜日にゆっくり権限登録をすれば済む。

「いやー、それじゃちょっと困るんだよね。現場が、月曜朝イチで使えるようにしろってうるさくて……ナントカがんばれない？」

「では申請書をお送りしますので、その150名の社員番号と氏名を記入して送り返してください」

仕方がない。利用権限を登録する処理そのものは、そんなに手間はかからない。申請書をシステムにアップロードするだけ。なんとか6時までには終えて帰れるだろう。ところが……

「ええっ!? こっちで記入するの? 150名分も? ううん、勘弁してほしいな」

勘弁してほしいのはこっちのほうだ。中島は続ける。

「あのさ、そっちで記入してもらえないかな? 対象の150名は、社内ポータルの人事速報で営業部に異動ってなっている人がイコールだから、名前はそこでわかるよね。で、社員番号は、電子電話帳システムで調べてもらえれば。情シスなら、ちゃちゃっと調べられるでしょ? 頼むよん、小南ちゃん」

なんとも無茶な要望だ。

「申し訳ありませんが、さすがにそこまでは……」

「……あ、そう。わかった、わかりました」

それだけ言うと、中島は電話を切った。とりあえず、申請書が来るのを待とう。

そのとき、隣の席の電話が鳴った。課長の太田が電話に出る。なにやら、ヘコヘコしながら話している。そして、5分後……

「いま、営業管理の中島さんから私に泣きつきがあったよ。悪いんだけどさ、150名の申請書の作成と権限登録、やってもらえないかな？」

ええ？　まさかの展開。

「ええ、何でですか？　申請書は、利用部門が記入すべきものですよね。それも、金曜日の定時間際に150名分もなんて、冗談じゃないですよ」

「ううん……。僕もそうだとは思うんだけれど、過去にも何回かうちでやってあげちゃっているんだよね。そこを突かれちゃってさ……。それに、中島さんは僕の入社当時の先輩だから、なかなか頭が上がらなくて……。やりますって言っちゃったし、頼むよ……」

そんなのは知ったこっちゃない。あーあ、結局今日も残業か……とほほ。

「曖昧」を生みだす3つの問題

「何を」「どこまでやればいいのか」が曖昧。

これは、あなたとあなたの職場に多くの悲劇をもたらします。「過剰サービス」（7丁目）を生む原因の1つにもなっていましたね。「属人化」（6丁目）や「仕事をしない人」（9丁目）を生む要因でもあります。その背景には、3つの問題が見え隠れします。

①他部署やお客さんとの関係がなあなあ

冒頭のケースでは、情報システム部と営業管理部の役割分担が曖昧でした。いや、厳密に言えば役割分担はあった。申請書は利用部門が記入するルールになっていたのでしょう。ところが、「かつてやってあげたことがあった」「個人的な人間関係」を背景に、「そこをなんとか！」で押し切られてしまったわけです。

☑ 曖昧を生む問題、曖昧がもたらす悲劇

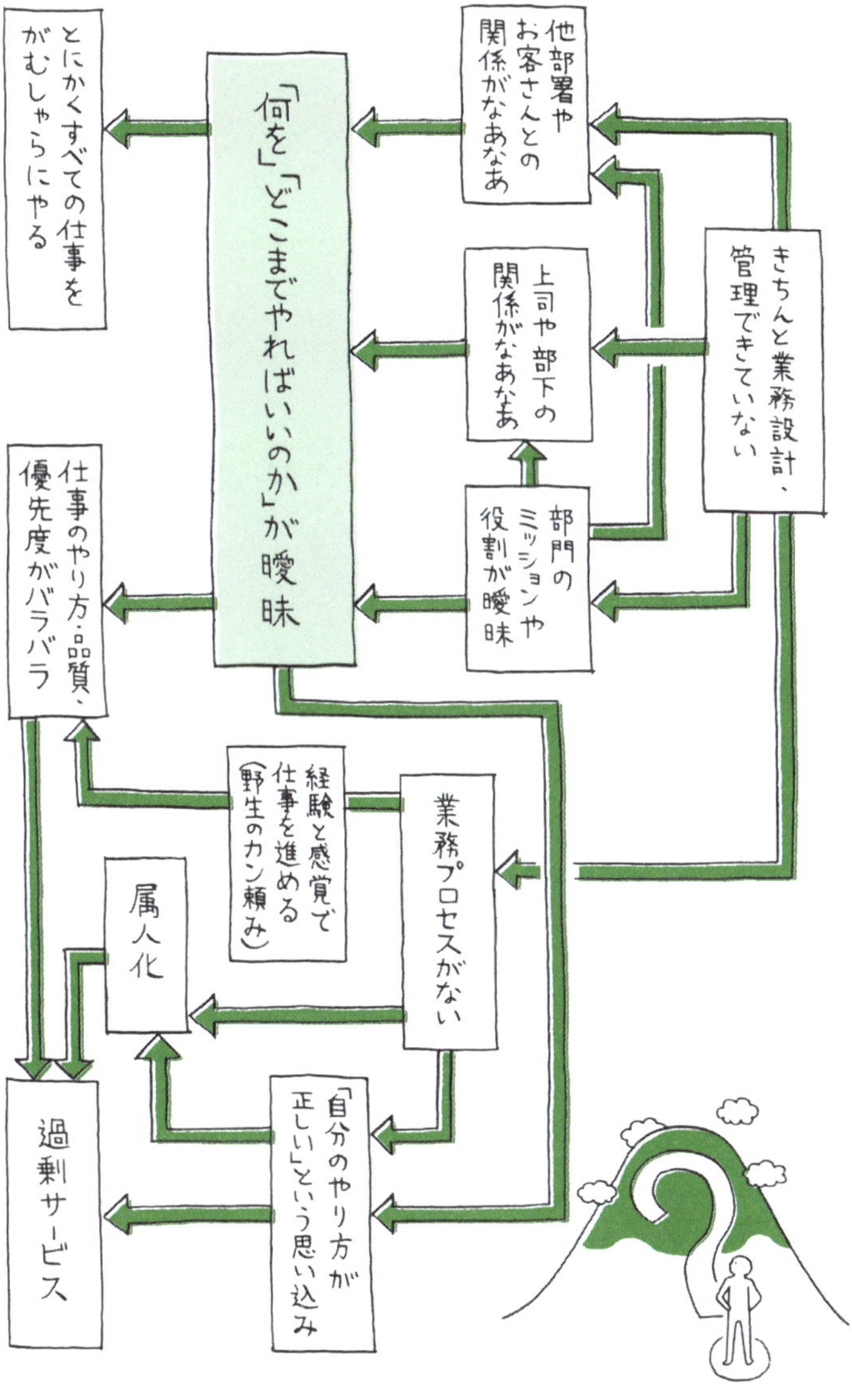

とにかくすべての仕事をがむしゃらにやる
「何を」「どこまでやればいいのか」が曖昧
他部署やお客さんとの関係がなあなあ
上司や部下の関係がなあなあ
きちんと業務設計、管理できていない
部門のミッションや役割が曖昧
仕事のやり方・品質、優先度がバラバラ
経験と感覚で仕事を進める（野生のカン頼み）
業務プロセスがない
属人化
「自分のやり方が正しい」という思い込み
過剰サービス

なんとなーく、いままでの慣習と関係性で仕事が進んでいる。本来、相手がやるべき仕事を、「忙しいから」とか「前回やってくれていたから」といった理由で肩代わりしている。「助け合いの精神」うん美しい！　……ですが、そんな日本的美徳に酔いしれていると、ある日痛い目を見ることになります。

うまく回っているうちはまだいいのです。しかし、イレギュラーな対応やトラブル、業務変更などが発生すると、空気は一転。揉めごとにつながります。

たとえば、冒頭のケースで小南くんがもし申請書の内容をまちがえてしまったら、どうなるでしょう？

中島課長　「おいおい。営業管理システムのアクセス権が付いていないって騒いでいる社員が2名いるよ。きちんと登録してくれたんだろうね？」

小　南　「確認します……あっ……名前が1文字違う別の社員に権限を付与してしまいました。すみません……」

中島課長　「困るよ！　ちゃんと仕事してくれなくちゃ」

小　南　「本当にすみません。でも、あの……、こういうこともあるので、申請書の記入はやはり利用部門にやっていただきたいんですよ。こちらでは、営業部の人の顔も名前をわからないわけですし……」

中島課長　「なにっ、開き直るのか？　まるでこっちが悪いみたいじゃないか！」

小　南　「（カチン）ええ、そうですよ。そもそも、自分たちの責任を押し付けたのは、そっちじゃないですか！」

中島課長　「なんだと！」

あわわ……喧嘩はやめて！　２人を止めて！

この手の話は世の中にあふれています。近所の空き地。みんなでなかよく使って遊んでいるうちはよくても、ひとたび事故が起こると「だれの責任だ？」とか「だれがお金を出して整備するのか？」なんて話になり、一気に険悪ムードになります。そうならないためにも、責任分担はきちんとしておきたいものです。

②上司と部下との関係がなあなあ

他部署やお客さんと、自チームの責任範囲を仕切るのはだれでしょう？

自チームが「何を」「どこまでやればいいのか」を決めるのはだれでしょう？

それをチームメンバーに教育し、浸透させる責任があるのはだれでしょうか？

上司ですよね。そもそも、自チームの上司と部下との関係がなあなあであったら、仕事もゆるゆるのいきあたりばったりに。特に、部下に厳しくするのが苦手な上司のチームに見られがちな、ほほえましくも悲しい光景です。

あなたのチーム、「なかよし倶楽部」になってしまっていませんか？

③部門のミッションや役割が曖昧

「ええと、そもそも、うちって何をする部署なんでしたっけ？」

自部署や自分のチームは何をする組織なのか？

ミッションや役割をだれも意識しないまま突っ走っていると、「何を」「どこまでやればいいのか」あるいは「ここまではやらなくてもいい」がどうしても曖昧になります。

私は、数多くの企業で業務プロセス改善の支援をしています。はじめての打ち合わせの席上で、私はお客さんに必ずこう聞きます。

「この部署のミッションと役割は何ですか？」

即答できない、あるいは「そういえば、ちゃんと定義されていないよね？」なんてざわつきが起こることもしばしば。少なくとも、管理職クラスであればきちんと説明できるようにしておきたいものです。

きちんと業務を設計・管理するための4つのステップ

残念な職場を見てみると……業務設計・管理がまったくなっていない！

①自部署のミッションと役割をきちんと理解する
②①をチームレベルに落とし込み、目標設定する
③ミッション・役割・目標に照らし合わせて、業務ルールや優先度、すなわち「何を」「どこまでやればいいのか」を設計する
④それを、部下や関係者に浸透させる

この一連のマネジメントができていないと、仕事が場当たり的になり、いつまでたっても残業が減らない、休めない職場であり続けます。

業務プロセスのマネジメントは上司の責任です。まずは、自部署のミッションと役割を確認し、「どの仕事を、どこまでがんばるべきか?」「どんなレベル（品質・スピードなど）で提供すべきか?」を設計していきましょう。

サービスレベルを設定しよう

その仕事を、どんな条件で、どんなレベル（品質・スピードなど）で提供すべきか?その決めごとを「サービスレベル」といいます。言い換えれば、「そのお仕事をどこまでがんばればいいのか?」を決めるよりどころです。

たとえば、宅配サービスを見てみましょう。

- **東京（離島部は除く）・神奈川・千葉・埼玉・茨城・栃木・群馬は当日中に配達いたします（当日13時までの受付が条件）。**

・**天候や交通事情によりご希望に添えない場合もあります。**

代理店の看板や伝票に、こんな注意書きがありますよね。これ、サービスレベルです。お客さんはこの条件が満たされることを期待して、その宅配サービスを利用します。宅配サービス業者は、この条件を満たすよう、お仕事をがんばらなければなりません。よっぽどの悪天候でもない限り、13時までに受け付けた荷物は、なにがなんでも当日中に配達しなければならない！　でないと、お客さんからの信頼を失います。あなたの仕事にも、次のようにサービスレベルを設定できるでしょう。

・**経理「受付から10営業日以内に、立替交通費を申請者（社員）に支払う」**
・**営業「見積り依頼受付の翌日17時までに、見積書の送付を完了する」**

冒頭のケースでは、申請書を受けつけてから権限登録を完了するまでの期限のルールがありませんでした。それさえ示していれば、中島課長の無茶な要求をかわせたかもしれません。

サービスレベルの定義次第では、残業してまでその仕事をがんばらなくていいかもしれません。あるいは、もっと必死にやらなくてはいけないかもしれません。そもそも人を増やす、あるいは効率化しなければならないかもしれません。サービスレベルは、「業務やプロセスをどう改善したらいいか?」を決めるよりどころでもあります。チーム内で話し合い、きちんと設定しましょう。

サービスレベルを告知・浸透させよう

せっかく作ったサービスレベルも、ただ設定しておしまいではダメです。たとえ「この道の制限速度は20kmです」と決めたところで、標識や説明がなければ、だれにも気づいてもらえないですよね。結果、どのクルマも時速40km以上で突っ走っている……それでは意味がありません。

サービスレベルは、まずは身内(自チームのメンバーや責任者)、次に他部署やお客さんなどの関係者に告知しましょう。告知方法はさまざまです。

- **Webサイト(インターネット・イントラネット)や配布物**
- **通達文書**

・業務ツール（申請書など）の注釈欄
・メンバー個人個人のメールの署名欄
・対面や電話での会話

そして、ただ告知しただけではダメ！　サービスレベルは、

「定例のチームミーティングで、部下にしつこく伝える」

「貼り紙にして、フロアに掲示する」

などなど、常日頃から目と耳で触れさせ、部下に浸透させましょう。

ある会社のオペレーションデスクでは、サービスレベルをキャッチフレーズにしていました。「サンキュールール」＝1次対応を3時間以内に完了させる（全案件の9割以上が目標）。このように、サービスレベルを部下が覚えやすく、口ずさみやすい（かつ上司も覚えやすくて、フォローしやすい）形にアレンジするのも手ですね。

サービスレベルを測定しよう

忘れてはならないのが、サービスレベルの測定です。これを怠ると、設定したサービスレベルが守られているのかどうかを証明することができません。

たとえば、あなたがハンバーガーショップの経営者だとします。スピードを売りにしていて「注文を受けてから5分以内に商品をお出しします」をサービスレベルにしたとします。

このとき、サービスレベルの達成状況をどう証明しますか？

店員1人1人の対応所要時間を測定し、記録しておく必要がありますよね。それができてはじめて、「サービスレベルを達成できた」「サービスレベルが達成できていない。改善しなければ！」と現状把握ができます。また、「Aさんはサービスレベルを守れているけれど、Bさんはまだまだだ」など、店員の習熟度合いを把握してサポートする助けになります。

職場の問題地図

BUS

9丁目

仕事をしない人がいる

行先
「残業だらけ」の職場
「休めない」職場

accident

以前、私が出入りしていた、営業事務の職場で遭遇したシーンです。

リーダー「ねえ、A子さん。お客さんへの見積もり回答、もう少し急いでもらえないかな？　あなたの対応、ちょっと遅いんだよね」

部下A子「すみません、がんばりますっ！」

〜翌日〜

リーダー「A子さん、やっぱり、まだ遅い。もっとがんばってスピード上げてやってほしいな」

部下A子「あ……はい。承知しました。すみません……」

リーダー「ああ、もういいよ、B子さんにやってもらうから！　その見積もり依頼のメール、B子さんに転送して！」

部下A子「は、はい……」

部下B子「え、私がやるんですか？　わ、わかりました……（なんで、いつも私にばかり仕事を振るのよ。A子さんと給料変わらないのにさ……ブツブツ）」

この職場では、年がら年中こんなやりとりが繰り広げられていました。たった数行のやりとりだけで、さまざまな問題点が垣間見えますね。

「仕事をしない人」はこうして生まれる
～個人の問題・人事の問題でフタしないで！

「仕事をしない人」「がんばらない人」。ともすれば、個人の資質や、採用・評価など、人事制度のせいにしてしまいがち。そうはいっても、人の資質や人事制度はなかなか変えられないものです。

しかしこの問題、よく見てみると、上司・先輩社員のマネジメントや振る舞いなど現場にも原因がありそうです。「人事マターだから」と他人事（ひとごと）で蓋をせず、あなたの現場でできることを探してみましょう。

ここには大きく2つの流れがあります。「はなから仕事をしない人」を生むプロセスと、「がんばる人」を「仕事をしない人」に変えてしまうプロセスです。さて、どうしたものか？

☑「仕事をしない人」はこうして生まれる

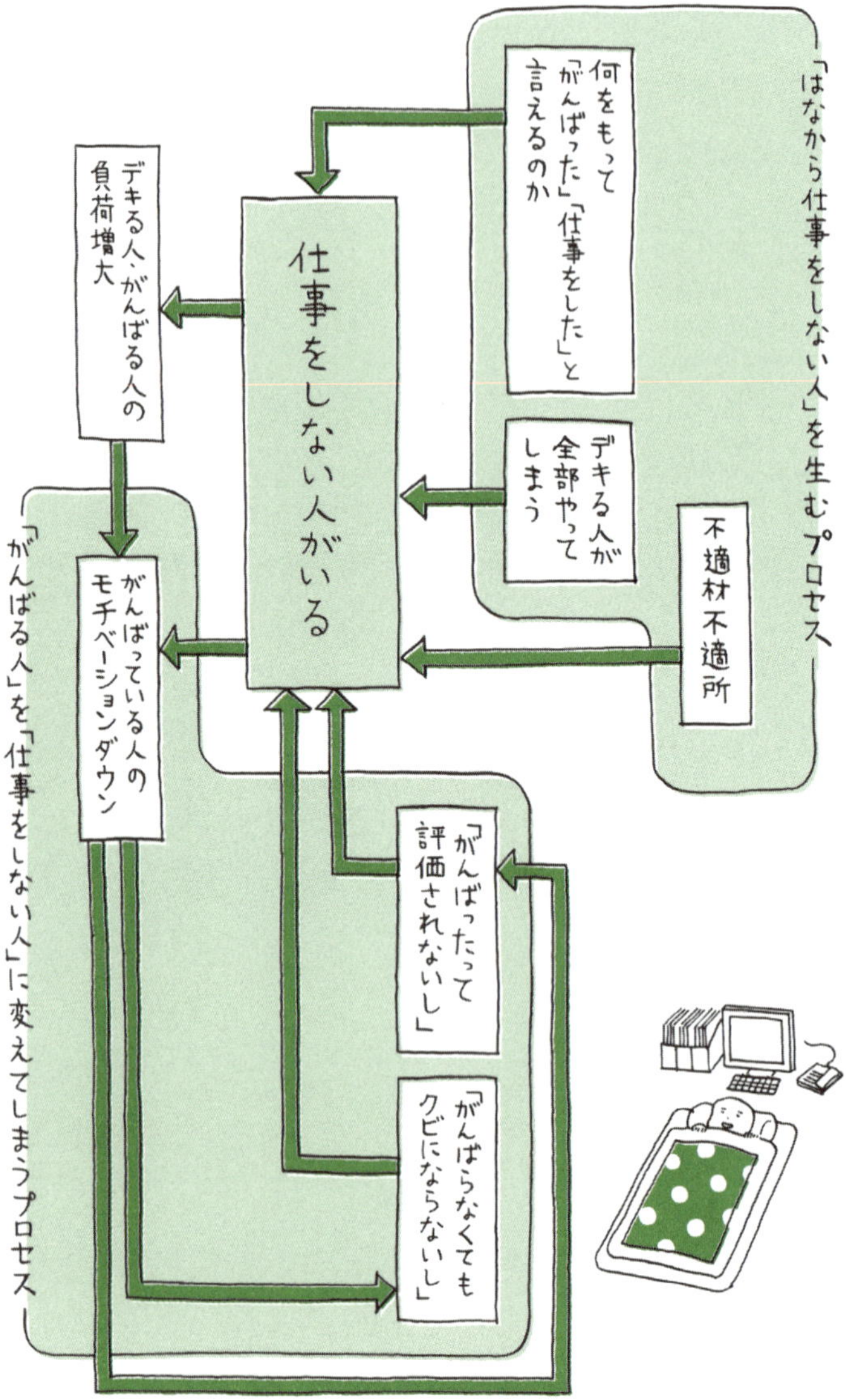

「はなから仕事をしない人」を生むプロセス
何をもって「がんばった」「仕事をした」と言えるのか
デキる人が全部やってしまう
不適材不適所
仕事をしない人がいる
デキる人、がんばる人の負荷増大
がんばっている人のモチベーションダウン
「がんばったって評価されないし」
「がんばらなくてもクビにならないし」
「がんばる人」を「仕事をしない人」に変えてしまうプロセス

仕事をしない人を生む5つの原因

まずは、「はなから仕事をしない人」を生む原因を見てみましょう。

①何をもって「がんばった」「仕事をした」と言えるのかがわからない

「とにかく急いで！」「もっとがんばってよ」「仕事が遅い！」

怒号が飛び交うオフィス。残念ながら、いまだそんな職場も少なくありません。

そもそも、指示が曖昧。「遅い」「速い」「がんばる」って、きわめて主観的（かつ属人的）な表現ですよね。人によって解釈の仕方が異なります。新幹線を速いと思う人もいれば、遅いと思う人もいるでしょう。

部下に指示をするときは、なるべく客観的に、たとえば「1時間以内に」のように伝えるべきです。このように、目標値を定量化して伝えてあげれば、部下は「何を」「どこまでやればいいのか」を客観的に把握できます。また、「自分のがんばりがどれだけ足りないのか」「あとどれくらいがんばればいいのか」、すなわち目標に対する「現在地」を知ることもできます。

それを端折ると、「もっとがんばって!」「いや、十分がんばってます」のようなループが起こります。

②デキる人が全部やってしまう

「私がやったほうが早い! 私に回して」

これ、一見理にかなっているようでいて、じつはハイリスクな状態です。

これを繰り返していると、いつまでたっても部下が育たない。その結果、部下はデキない人になってしまいます。

また、デキる人が勝手にどんどん仕事をさばいてくれるので、全員が全員がんばって仕事をしなくてもいい、快適リゾート環境が生まれてしまいます。

デキる人が全部やる——短期的には便利でいいかもしれませんが、長い目で見ると考えものですね。

③不適材不適所

そもそも、仕事の割り振りや責任分担がイケていない可能性も考えられます。エクセルが苦手な人にデータ分析をお願いしたり、口下手な人に電話対応を任せているなどです。本人はがんばっているつもりでも、なかなか上達せずに、周りからはがんばっていないと思われてしまう。そのうちやる気を失って、本当にがんばらなくなってしまう――そんなケースもあります。

もちろん、部下に苦手分野を克服させるために、あえて不適材不適所の人員配置を行うこともあるでしょう。その場合、なおのこと上司や先輩がきちんと寄り添って、丁寧に指導してあげましょう。

「キミにこの仕事を任せる意味は……」

「あなたに今後リーダーになってもらうために、数字のセンスも身につけてもらわなくてはいけないと思っている」

「困ったことがあったら、福田さんに力を借りるといいよ。僕からも、福田さんには協力するよう言っておくから」

こんなひとことがあるだけで、部下のモチベーションは大きく変わります。

④「がんばったって評価されないし」

冒頭の例を見てください。本来A子さんがやるべき仕事を振られたB子さんは、がんばらないA子さんと給料が同じであることを不満に思っています。この不満がたまりにたまると、今度はB子さんががんばらない人になってしまう可能性もあります。最悪の場合、ある日突然辞めてしまうことも……。

とはいえ、なかなか評価制度は変えられないもの。それでも上司は、がんばっている部下に金銭面以外で報いてあげる努力はできます。

- 部下の気持ちに寄り添って共感を示す
- 感謝を伝える
- 部下への期待（今後どのような立場や役割を任せたいか、どんなキャリアパスを歩ませたいかなど）を伝える
- なるべく、得意分野ややりたい仕事を任せる

・最大限の高評価をつけてあげる

など、現場の管理職ができる策はいくらでもあります。

退職理由のトップは「上司との人間関係」という調査結果もあります。裏を返せば、上司の振る舞いやマネジメント次第で、部下のモチベーションは修復できるのです。まだ間に合うかもしれませんよ！

⑤「がんばらなくてもクビにならないし」

〝大企業病〟とも揶揄される事象のうちの1つがこれ。がんばらなくてもクビにならない。その環境が、がんばろうとしない「フリーライダー」を生んでしまいます。一方、クビにならない＝社員が安心して働ける会社であることの証明でもあり、なかなか悩ましい問題です。

仕事をしない人が、新たな仕事をしない人を生む

「あの人、あんなに優秀だったのに」

「かつてのやる気は……どこいっちゃったの⁉」

あなたの職場にもいませんか？　「かつてのエース」が。そうなる原因はいろいろ考えられますが、既存の「仕事をしない人」が、新たな「仕事をしない人」を生んでいる可能性もあります。

もともとはデキる人であり、仕事をする人だった。ところが、周りに仕事をしない人が多い。その結果、事例のB子さんのように、どんどん仕事が降ってくる。負荷は増える一方……と、そこまではまだいいのです。世の中には〝デキる自分〟に誇りを持っている人も多いもので、本人は案外それを苦にしていません。あるいは、そんな自分に酔っている人も！

ところが……何かの拍子にふと酔いがさめ、我に返ってしまう。そして、モチベーションの糸がプツっと切れてしまう。

「何で私にばっかり仕事が押しつけられるんだろう」

「私だって、あの人みたいに毎日定時で帰って遊びに行きたいのに！」

「自分が馬鹿みたい……」

さらに、「仕事をしない人を生む5つの原因」で見た④「がんばったって評価されないし」や⑤「がんばらなくてもクビにならないし」の要素が加わると、もう危ない！　ある日突然、仕事をしない人にメタモルフォーゼ！

この現象、小学校の学級崩壊のプロセスにも似ています。2〜3人の授業を聞かない子どもがクラスで放置されていると、それが波及し、いつのまにかクラスの大多数が授業を聞かない子になってしまっている。やがて、真面目に授業を聞いていた最後の数人までもが馬鹿馬鹿しくなって、一緒に遊んじゃう。朱に交われば なんとやら……ですね。仕事をしない人は連鎖していくのです。

2：6：2の法則を受け入れよう

COLUMN

「仕事をしない人をゼロにしたい！」

管理職であれば、だれしもそう望むでしょう。しかし、残念ながらそれは現実的ではありません。ある程度の規模の組織であれば、一定数の「仕事をしない人」が必ず生まれます。

2：6：2の法則をご存知ですか？　組織は、優秀な2割と、フツウの6割と、残念な2割の人で成り立っている。そこで「パフォーマンスの高いチームを作ろう」と思って優秀な2割を選抜してチームを組ませると、そこでも2：6：2が生まれる——そんな法則です。

なぜ、2：6：2が生まれるのか？　2つの背景が考えられます。

①2割の優秀な人が、10の仕事を片づけてしまう
②そもそも、10もの仕事量がない（過剰人員）

運動会の綱引きを思い出してください。20人対20人の対抗戦。綱を一生懸命引っ張っている人がいるかと思えば、ただ綱に手を添えているだけの人もいますよね。じつは、5人対5人くらいで成り立ってしまうのかもしれない。

あるいは、高校の学園祭の準備。放課後、クラス全員で、ダンボールや木材を組み立てて、出し物のお化け屋敷の準備をしている。ところが、必ずあぶれて手持ち無沙汰にしている人、いるじゃないですか。そもそも、クラス全員の人数を必要とする仕事量がないのです。

どんな組織においても、2：6：2になる。これ、騒がず、あがかず、〝宇宙の法則〟だと思って受け入れましょう。

で、どうするか？　あえて2：6：2のチーム構成にしちゃいましょう。ただし、2と6と2それぞれの仕事の内容や役割を変え、それぞれ適性のある人を配置するよう工夫します。

たとえば、研究開発の部署。「研究員だけを集めて、全員を研究に没頭させておけばそれでいい」といえるでしょうか？　答えはノーですよね。管理業務もあれば、庶務業務もあります。それをやる人がいなければ、部署は機能しません。

以前私が勤務していた会社に、優秀な管理職（部課長）だけを集めた精鋭チームがあり

☑ 2:6:2の法則を受け入れよう

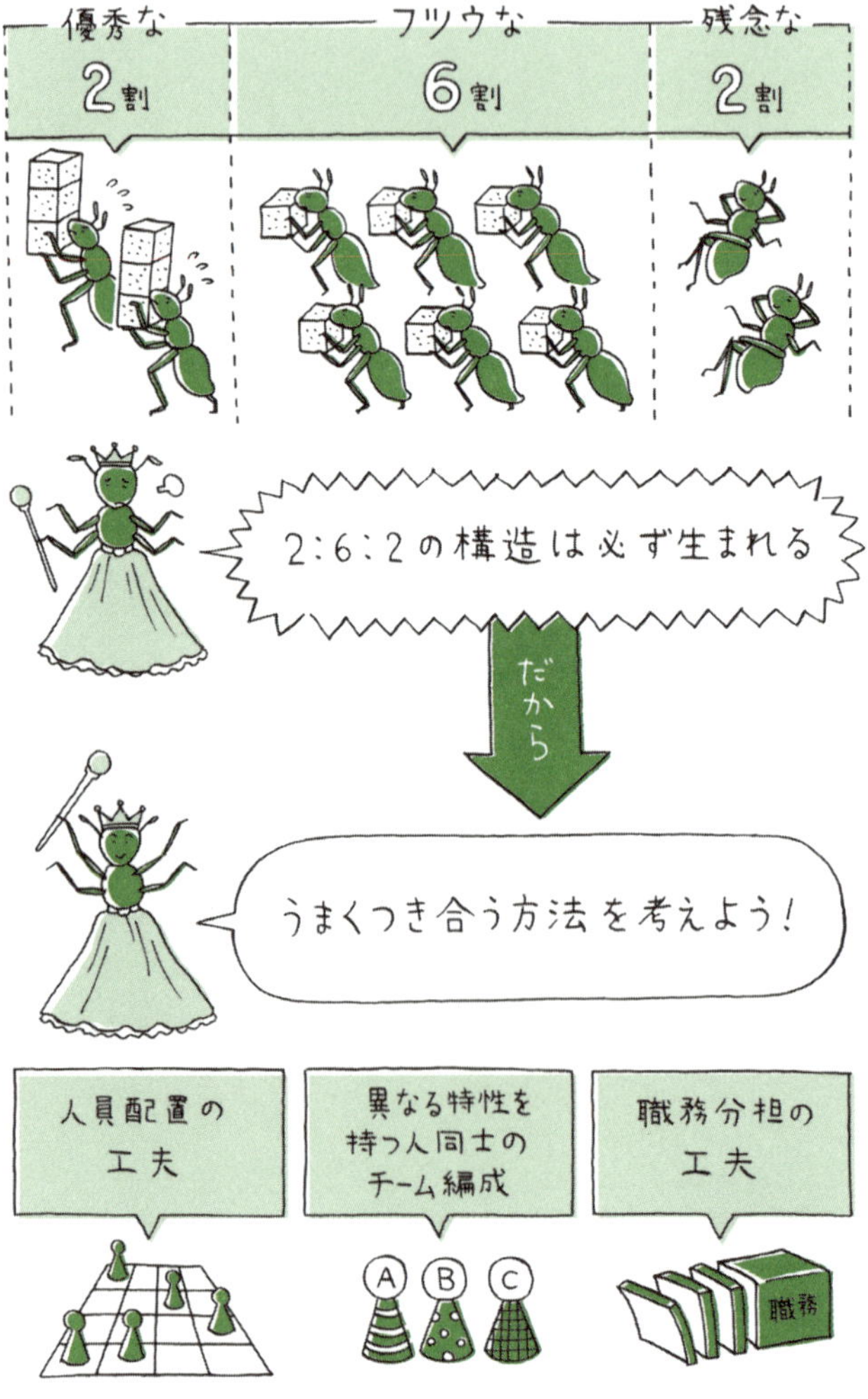

優秀な
2割
フツウな
6割
残念な
2割
2:6:2の構造は必ず生まれる
だから
うまくつき合う方法を考えよう!
人員配置の工夫
異なる特性を持つ人同士のチーム編成
職務分担の工夫
A
B
C
職務

ました。そのチームと打ち合わせをすると、会議室にはエース管理職がずらりと並びます。ところが、「だれが議事録を取るんだ」とか「次の打ち合わせの会議室の予約はだれがやるんだ」みたいな空気になるんですね。場の雰囲気で、一番若い管理職がやることになる。そのとき、聞こえてくるんです。「いままで若手にやらせてきた仕事を、なんで管理職の俺が……」そんな心の声が。で、そのうちグレて仕事しなくなってしまう。パワーバランスで、本来優秀な2に属する人なのに、フツウの6、または残念な2にまわらざるをえない。

もし、このチームに議事録をとるのが苦にならない、あるいは申請手続きや庶務業務が得意な（または、そういう仕事だけをしていたい）一般社員や派遣社員を入れたらどうでしょう？　おのおの、自分の得意分野ややりたい仕事ができて、ハッピーだと思いませんか？　そのほうが、お互いの尊敬や感謝も生まれます。

職場は性質の異なる仕事で成り立っています。全員に同じ仕事と役割を与え、同じ能力を求めるのではなく、適材適所のチーム編成ができたら最高ですね。戦略的2：6：2を！

職場の問題地図

BUS

10丁目

だれが何を やっているのか わからない

行先

「残業だらけ」の職場

「休めない」職場

「みんな、とにかく忙しそうにしている。でも、何をやっているのかはわからない」

「そういえば、先週から新しい人がいる。あの人、いったいだれ？」

「うちの上司の経歴、よく知らない」

「隣のチームの宮尾さん、じつは英語ペラペラらしい!?」

「気がついたら、人が辞めていなくなっていた」


みんな一生懸命。自分の仕事に一生懸命。それはいいのですが、「だれが何をやっているのか？」「どんなバックグラウンドがあって、どんな得意技を持っている人なのか？」がまったくわからない。そんな職場も多いのではないでしょうか？

「だれが何をやっているのかわからない状態」は、これまた、組織のさまざまな病気の巣になっています。属人化（6丁目）、過剰サービス（7丁目）、仕事をしない人がいる（9丁目）の遠因になっているほか、業務の品質やスピードを悪くする要因にも。

「だれが何をやっているのかわからない状態」は組織の病の巣

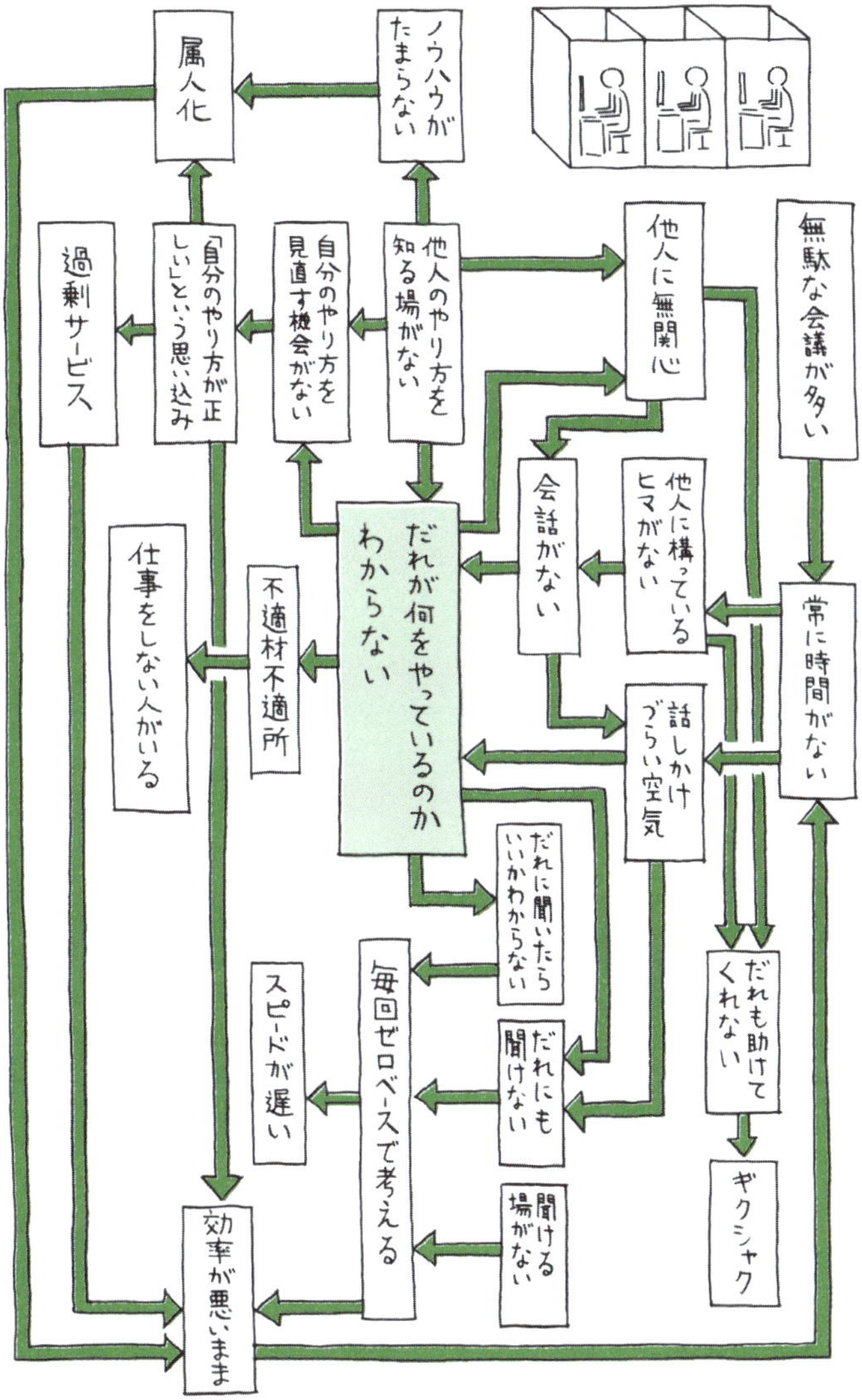
属人化
ノウハウがたまらない
過剰サービス
「自分のやり方が正しい」という思い込み
自分のやり方を見直す機会がない
他人のやり方を知る場がない
他人に無関心
無駄な会議が多い
会話がない
他人に構っているヒマがない
常に時間がない
仕事をしない人がいる
不適材不適所
だれが何をやっているのかわからない
話しかけづらい空気
だれに聞いたらいいかわからない
だれも助けてくれない
毎回ゼロベースで考える
スピードが遅い
だれにも聞けない
ギクシャク
聞ける場がない
効率が悪いまま

なぜ、「だれが何をやっているのかわからない状態」が生まれるのか

まずは、近隣の要因を見てみましょう。

①会話がない

みんな黙々と作業に没頭していて、シーンとしている。音らしい音といえば、カタカタと鳴り響くキーボードの音と、電話向こうの取引先との話し声くらい。なぜか、社員が外出するときと戻ってくるときの挨拶だけはやたら明るい。

会話が生まれない。これでは、だれがどんな人なのかも、いまどんな仕事をしているのかも知りようがありません。

②話しかけづらい空気

会話がない職場で、相手に話しかけるのは勇気がいるもの。

それでも、まだ勝手がわかっていない新入社員や中途入社したての社員は、気を使って

雑談を仕かけようとトライします。が、上司や先輩は横顔を向けたままスルー。撃沈！

こうして、新入社員も中途社員も話しかけない人になってしまい、話しかけづらい空気に拍車をかけます。

③常に時間がない

なぜ会話がなく、話しかけづらい空気が漂う職場が生まれるのか？ みんな忙しすぎて、時間がない、余裕がないからです。

時間がないから、他人に構っているヒマがないし、雑談なんてしている余裕がない。この背景には、2つの要因が控えています。

①無駄な会議が多い（4丁目）→ 自分の仕事をする時間がない → 常に時間がない
②仕事の効率が悪い → いつもアップアップ → 常に時間がない

④他人のやり方を知る場がない

どんなに忙しい職場でも、他人のバックグラウンドや仕事の取り組みを知る「場」さえあれば、お互いを知ることができるでしょう。それすらないと、もう絶望的。日々の忙しさに流されて、チームメンバー同士、お互いのことを何も知らないまま、時が過ぎ去っていきます。そしてある時、あなたはぼそっとつぶやきます。

「あの人、だれだっけ?」

「だれが何をやっているのかわからない状態」が生み出す5つの病

この状態を放置しておくと、次のような恐ろしい病気が組織に発症してしまいます。

新人が孤立する病

新参者は、それがピカピカの新入社員であれベテランの中途社員であれ、仕事のやり方やその職場のお作法がよくわかっていません。よって、先輩が頼り。

ところが、だれが何をやっているのかわからない状態なので……だれに聞いたらいいのかわからない!「ノウハウのありかがわからない」とでも言いましょうか。

加えて、職場の話しかけづらい空気が輪をかけます。みんな忙しくしているから、だれ

☑「だれが何をやっているのかわからない状態」が生み出す病

新人が孤立する病
汗をかくことこそが美しい病
タコツボ化、属人化病
助け合わない病
チーム編成・役割分担不全症候群

にも聞けない。聞ける場さえない（会議や打ち合わせは無駄に多いクセに）。だれにも相手にしてもらえず（下手すると認知もされず）、話しかけても迷惑がられ、しまいには「自分で考えろ」と言われる。

こうして、新人はどんどん孤立していきます。

汗をかくことこそが美しい病〜毎度ゼロベースで考える非効率

そんな過酷な無人島で生き残った強い新人は、なんとか自分だけで考えて仕事をしようと努力します。毎回ゼロベースで考えて、仕事を成し遂げる。その達成感は代え難い喜びです……って、ちょっと待った！

毎度毎度ゼロベースで考える。これ、無駄ですよね。他人の知恵を借りれば10分で済むことを、1日かけてがんばっちゃう。これは、新人だけでなく、10年選手も新たな仕事（じつはその組織や会社にとって経験済の仕事であったりするわけですが）に取り組む際にやりがちです。

いつまでたっても、仕事のスピードも品質も効率も良くならない。同じ失敗を繰り返してしまうことも。

ところが、みんながこれを繰り返していると、毎回ゼロから考えて苦労するのが当たり前に、さらにはそれが組織の美徳になってしまったりするのです。いやあ、企業文化って恐ろしいですね！　でも、それではいつまでたっても残業はなくなりません。

タコツボ化・属人化病

他人のやり方を知らない、イコール、自分の仕事のやり方を見直したり、ほかの人の良いやり方を取り入れる機会がまったくありません。自分でやり方を作って（あるいは前任者の属人的なやり方を受け継いで）、自分が信じたやり方で走るしかない。こうして、職場のタコツボ化と属人化はどんどん加速します。

前述のとおり、新しい仕事が発生した場合は、すべてゼロベースで考えます。こうして、その人独自のやり方が今日もどこかで産声をあげています。

「ヘイ、属人的な仕事、一丁あがり！」

チーム編成・役割分担不全症候群

だれが何をやっているのかわからない。上司も部下のことを把握していない。上司と部下とのキャリア面談のような制度が整っている会社はまだしも、そういう場すらない職場では、上司が部下の得意技をまったく知らないまま、仕事とスキルのミスマッチが起こり続けている可能性もあります。

すなわち、人材の不適材不適所の一因になっている。それが、部下のモチベーションと組織のパフォーマンスを下げ、結果として仕事をしない人、できない人（9丁目）を生んでしまっている可能性もあります。

助け合わない病

こんな職場がイキイキしているはずがないですね。

会話もなく、他人に無関心。

お互いがお互いのことをよく知らないので、何を話したらいいのかわからない。

だれかが困っていても、何に困っているのかわからないし、どう助けたらいいのかもわからないので、手の差し伸べようがない。

こうして、助け合わない組織風土が生まれます。職場の雰囲気はいつもギクシャク。そして、今日も新人が無人島で孤立。悪循環とは、まさにこのことです！

お金をかけなくたって、コミュニケーションの「場」づくりはできる

さて、この負のスパイラル、どこをどう断ち切りましょうか？

職場に常に時間がなくて、余裕がないのが問題。そうはいっても、時間たっぷり、余裕しゃくしゃくの職場はそうはありません。上司と部下、部下同士がお互いを知る「場」づくりが重要です。

- 率先して雑談する
- お互いの取り組みやノウハウを学ぶ場を設ける（事例発表会、勉強会など）
- バックグラウンドを知る機会を設ける（キャリアのたな卸し勉強会など）
- オフィスの端っこに「井戸端」を作ってみる（コーヒーサーバーを置くなど）
- オフタイムのコミュニケーションの場を作る（飲み会でなくても、ランチタイムでもOK）

お金をかけなくたって、いまから始められることはたくさんあります。

優秀なリーダー、グローバルで活躍しているリーダーは、よく雑談します。自分の経歴や趣味、家族のことなどを積極的に自己開示するとともに、部下にも興味を示して、相手の話をよく聞きます。

人間って面白いもので、自分に興味を示してくれる相手には、自分のことを知ってもらいたい、伝えたいって思うようになるんですね。こうして、お互いの得意技を知ることができ、困ったときに頼りあえる信頼関係と協力関係が職場に生まれます。

ちなみに、私がかつて勤めていた職場。日本と中国との異拠点プロジェクトだったのですが、たびたびアフターファイブにテレビ会議システムで2拠点をつないで、会議室で「リモート宴会」をしていました（なかなか盛り上がりました）。離れているメンバー同士でも、工夫次第でコミュニケーションは十分可能なのです。

「もったいない！」の気持ちで問題に取り組もう

だれが何をやっているのかわからない状態は、さまざまな病気の温床になっているのみならず、その組織にとって〝もったいない〟のです！

・じつは、困りごとの解決策を隣の人が持っていたかもしれない！
・じつは、新しい仕事に必要な知識やスキルを持っている人がそこにいるかもしれない！
・この人とあの人を組み合わせたら、もっと面白いコトにチャレンジできるかもしれない！
・お互いのことをよく知ると、仕事がもっと楽しくなる！

「職場の問題を解決する」ととらえると重たいですが、「〝もったいない〟をなくそう！」と思えばモチベーションも上がります。そんな気持ちで、あなたもこの問題に取り組んでみませんか？

職場の問題地図

BUS

11丁目

実態が上司や経営層に伝わっていない

行先
「残業だらけ」の職場
「休めない」職場

現場レベルの改善には限界がある

さあ、いよいよ最後です。職場のゴタゴタの背景や原因は見えてきた。あなたなりの「職場の問題地図」はできてきた。これまで、なるべく現場でできる対応策や改善策を考えてきました。それで現状が良くなれば言うことナシです。しかし、現場レベルの改善には限界があります。「人を増やす」「仕事を減らしてもらう」「システムを入れてもらう」など、上司や経営層に動いてもらわないと打開できない場合も多々。

しかし、肝心な上司や経営層に、現場の由々しき実態を伝えられていない。あるいは、なかなかわかってもらえない！　たとえ必死に陳情したところで……

「えっ、あなたの職場、いったい何が問題なの？」
「忙しい、忙しいって言うけれど、どの程度忙しいの？」
「どの部署も、忙しいのは一緒だしさ」

こんな言葉でかわされ

上司や経営層に実態をわかってもらわないことには……

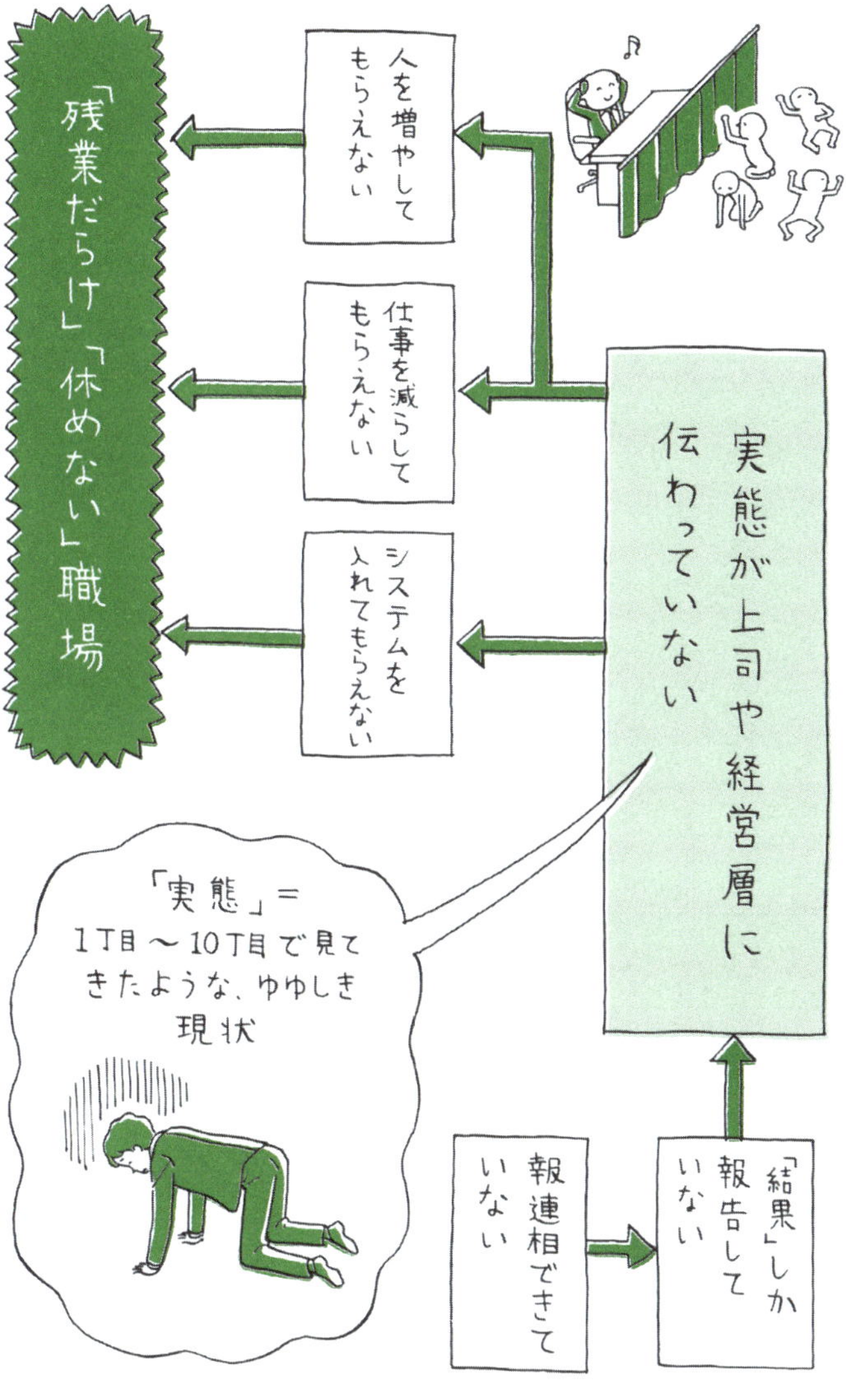

「結果」しか報告していない
報連相できていない
実態が上司や経営層に伝わっていない
人を増やしてもらえない
仕事を減らしてもらえない
システムを入れてもらえない
「残業だらけ」「休めない」職場
「実態」＝1丁目～10丁目で見てきたような、ゆゆしき現状

「まあ、いままでもナントカ回っているじゃない。これからも、その調子でがんばってね。期待しているよ！」

肩をポンと叩かれ、ゲームオーバー。そして、今日もメンバーの気合と根性で乗り切る危うい状態が続きます。

「私、もう限界……」

あなた自身がそうなってしまわないように、また大切な部下を守るためには、上司や経営層にきちんと実態をわかってもらわなければなりません。そのためには、何をしたらいいでしょうか？

結果「しか」報告していないから……

現場のゴタゴタ具合を上にわかってもらうには？

ただ1つ。上とコミュニケーションするしかありません。そうはいっても、日本の多くの企業では、上に行けば行くほど忙しい（はず）ですから、なかなか気軽にコミュニケーションしづらいもの。よって、「報告」という手段を使うことになります。

あなたのチームの業務の運用状況を、日ごろからわかってもらえるよう、上に報告しましょう。え、「いまでも月次報告はしています」って？　わかりました。では、あなたに質問です。どんな内容を報告していますか？

・営業部門であれば、売上金額・売上件数・来客数・受注見込み金額・受注見込み件数など
・宣伝部門であれば、広告を打った数・視聴数（TVであれば視聴率、Webであればクリック数など）・イベント実施件数など
・購買部門であれば、購入件数・コスト削減額など
・ヘルプデスクであれば、問い合わせ件数・対応済み件数・お客様満足度など

こんなところでしょうか。

もう1つ質問です。この内容を聞いて、あなたの上司あるいは経営層は、あなたの職場

の無茶苦茶な実態を知ることができるでしょうか？

「売上金額も件数も順調に推移しているね。グッド、グッド！」

「問い合わせ件数が増加気味だけれど、90％以上対応済みだし、問題ナシだね」

このようにとらえられてしまうでしょう。しかし……

その売上金額・件数が、連日の深夜残業で成り立っているとしたら？ 休んでいる社員がいて、「欠員1」の状態で回しているとしたら？ たまたま運が良くて受注できているだけだったとしたら？ ヘルプデスクであれば、2名の優秀なオペレーターが全体の7割をさばいていて、残りの5名の対応スピードや品質には問題アリだとしたら？

この報告では、そういった生々しい実態やリスクを知ってもらうことはできません。それはなぜか？

単純です。この報告で伝えているのは、「結果」だからです。結果しか伝えないから、裏で何が起こっているかをわかりようがない。成果主義文化の職場ならなおのこと、「結果オーライ」で流されてしまいます。

どんどん下がる現場のモチベーション

「私たち、こんなにがんばっているのに……」

「去年より2人も少ない状態で、毎晩遅くまでやっているんですよ！」

「売上ノルマを上げる前に、しょぼいシステムなんとかしろよ……」


現場のがんばりや苦労を、上司も経営層もわかってくれない。この状態が続くと、あなたの部下のモチベーションはどんどん下がります。


どんなにがんばっても、結果しか見てもらえない。

チームの評価も上がらない。

個人の評価も上がらない。

がんばったのに、人事評価は全員なかよくC判定……。

当然、投資もしてもらえない。現場はいつまでたっても火の車。

しまいには……

「なぜ、うちのリーダーは上司や経営層に実態を伝えられていないんだ？　それ、リーダーの仕事でしょ。仕事してるの？」

「うちの経営層、馬鹿なんじゃないの……」

そんな不信感を募らせます。恐ろしいのが、こういう不信感って、蔓延しやすいのです。そして、１人、また１人、昼休みにインターネットで転職サイトを眺める部下が増えていく。オーマイガッ！

報告すべきは「プロセス」だ！

結果を報告してもダメなら、何を伝えるべきか？　答えは「プロセス」です。

☑「結果」ではなく「プロセス」を伝えるのだ！

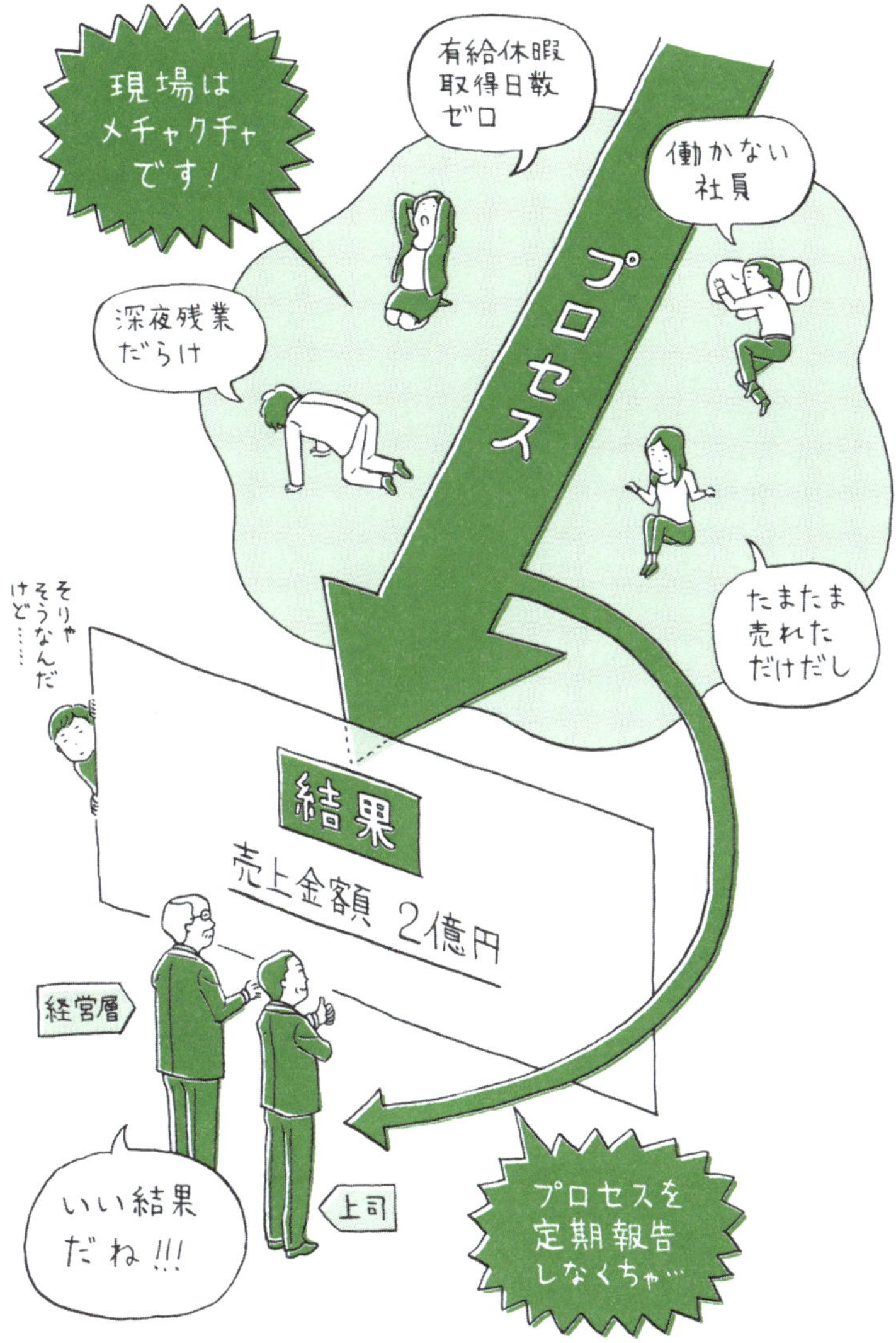

その業務は、何人で回しているのか？
何時間かかっているのか？
担当者のスキルレベルは？
どれだけコストをかけているのか？
オペレーションミスはどれだけ発生しているのか？
総労働時間は？
残業時間は？
有給休暇の取得日数や率は？

その成果を得るためのプロセスを測って、報告するのです。

報告は定期的に行いましょう。そうでないと、現状の変化や対策の効果をきちんととらえることができないですから。少なくとも、月次では報告しておきたいですね。

とはいえ、わざわざプロセスだけを報告に行くのは、忙しい上司や経営層に煙たがられる可能性大です（それこそ、無駄な会議を増やすことに！）。そこで、いまある月例の結果報告の会議に「今回から、プロセスも報告したいと思いまして」みたいな感じで、ビルトインするのがいいでしょう。

報告するときに気をつけるポイントは？　3丁目「報連相できていない」をもう一度読み返してみてください。報連相のキホンは、上位レベルへの報告でも求められます。

プロセス測定とは、組織の健康診断のようなものです。身長と体重の増減だけを知って一喜一憂していたら病気に気づけないように、組織の病もまた、結果だけを見ていては気づくことができません。それは、あなたの業務が健全な状態できちんと回っているかを測る取り組みにほかなりません。

何を測って報告するべきか？

では、あなたの業務がきちんと回っていることを知ってもらうためには、どんなプロセスを測定して報告すればいいのでしょうか？

ここで、ふたたび「あの絵」が登場します。

業務、すなわち仕事とは何か？　「インプットを成果物に変える」取り組みでしたね。

この基本に立ち返ります。

☑ （ふたたび）仕事の5つの要素

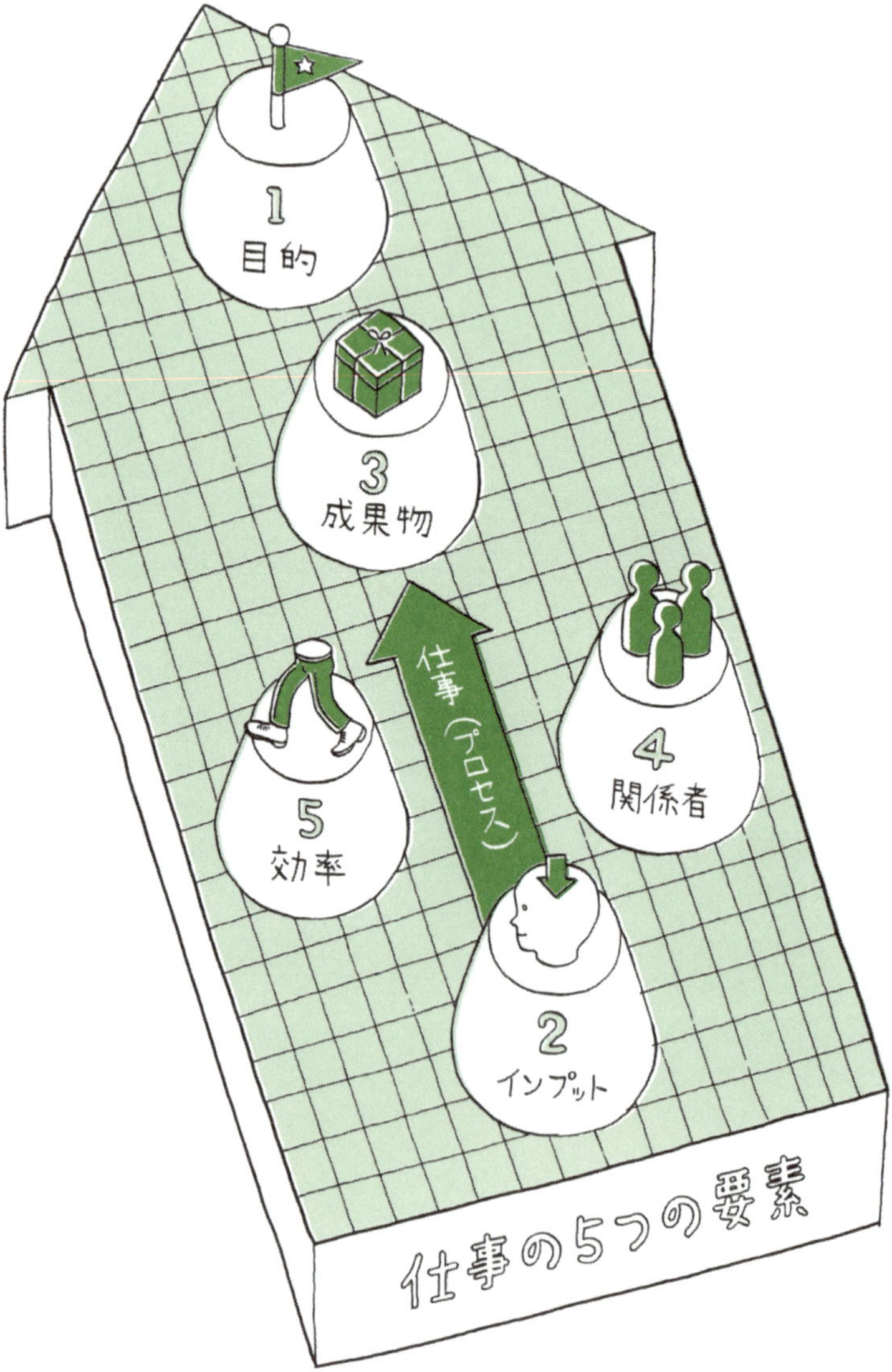

業務が回っていない状態

インプットが成果物に
変換される
スピードが遅い
インプット
成果物
もたもた

ミスや手戻りが多い
ぐるぐる

長時間労働
業務量過多
ぱつんぱつん

なんだかよくわからないけれど
インプットを与えれば
とりあえず成果物は
出てくる
インプット
成果物
いわゆる「属人化」

業務が回っていない状態とは、この絵のどこかがうまくいっていない状態です。

・インプットが成果物に変換されるスピードが遅い（=決められたサービスレベルを満たしていない）

・ミスや手戻りが多い

・長時間労働・業務量過多

・なんだかよくわからないけれど、インプットを与えれば、とりあえず成果物は出てくる（箱の中身が不明。いわゆる属人化）

このような異常を検知するためには？

この絵のどこかを測定する必要があります。センサーを取り付けるイメージです。

では、どこの、何を測定したらいいのか？

残念ながら、答えはありません。なぜなら、「何を測って伝えたいか？」は、あなたや上司が何を問題視するかによって決まるからです。また、その業務の特性（繰り返し作業のようなオペレーション業務なのか、企画やデザインなど新たな価値を創造する業務なのか）によってもまったく異なります。

……と、それではあまりにツレナイですよね。答えはありませんが、先例はいくらでも転がっています。自分たちで考えるのも重要ですが、手っ取り早く先人の測定事例（プラクティス）を見て、良さそうなものを使ってみるのもいいでしょう。以下、測定項目の事例をいくつか示します。

- スタッフの人数
- スタッフのスキルレベル（業務習熟度）
- 労働時間
- 有給休暇取得日数
- 休日出勤日数
- 外注依存度
- 成果物の量
- 所要日数（時間）
- サービスレベル違反件数
- 関係部署で発生した工数
- 全案件数

・ミス発生数
・手戻り発生数
・クレーム数
・問題解決率
・問題解決スピード
・自己解決率
・新規提案の数
・販促イベントを実施した数
・見込み顧客数
・コンタクトした顧客数
・商談件数
・来店数
・新たに生み出したノウハウの数
・ノウハウの有益度
・部内勉強会を開催した数
・部内勉強会の参加人数

・部内勉強会の有益度
・経費

上記の項目は、チーム全体と個人別の両方を測定しましょう。全体だけを見ていると、メンバー個人個人のがんばりや効率、業務習熟度を測ることができません。

ここで気をつけたいのが、プロセスの測定は個人をガチガチに管理して追い込むためのものではないということです。あくまで、異常や目標に対する未達状態（あるいはその予兆）を検知し、困っているメンバーをリーダーが、あるいはメンバー同士でフォローするための仕組みづくりと考えてください。メンバーを責めるためではなく、守るための測定なのです。

そうはいっても、いざ測定するとなると、場の雰囲気が悪くなりがちですよね。何でもかんでも事細かに測定するのではなく、必要な項目だけをきちんと測る。そのような温度調節も大事です。

定義→測定→報告→改善のサイクルを回すのだ！

「定義できないものは、管理できない。管理できないものは、測定できない。測定できないものは、改善できない」

ふたたび、W・エドワーズ・デミング博士のお言葉です。

業務がきちんと回り続ける状態にするには、定義→測定→報告→改善のサイクルの構築と維持が大事です。

何を測定するのかを定義し、日々の業務を測定する。

それを上司や経営層に責任を持って報告し、改善につなげる。

この繰り返しが、あなたの職場とメンバーを良くします。個人の気合と根性任せの働き方から脱却するためにも、一歩踏み出し、あなたが率先してこのサイクルを回しましょう。

☑ 定義→測定→報告→改善のサイクル

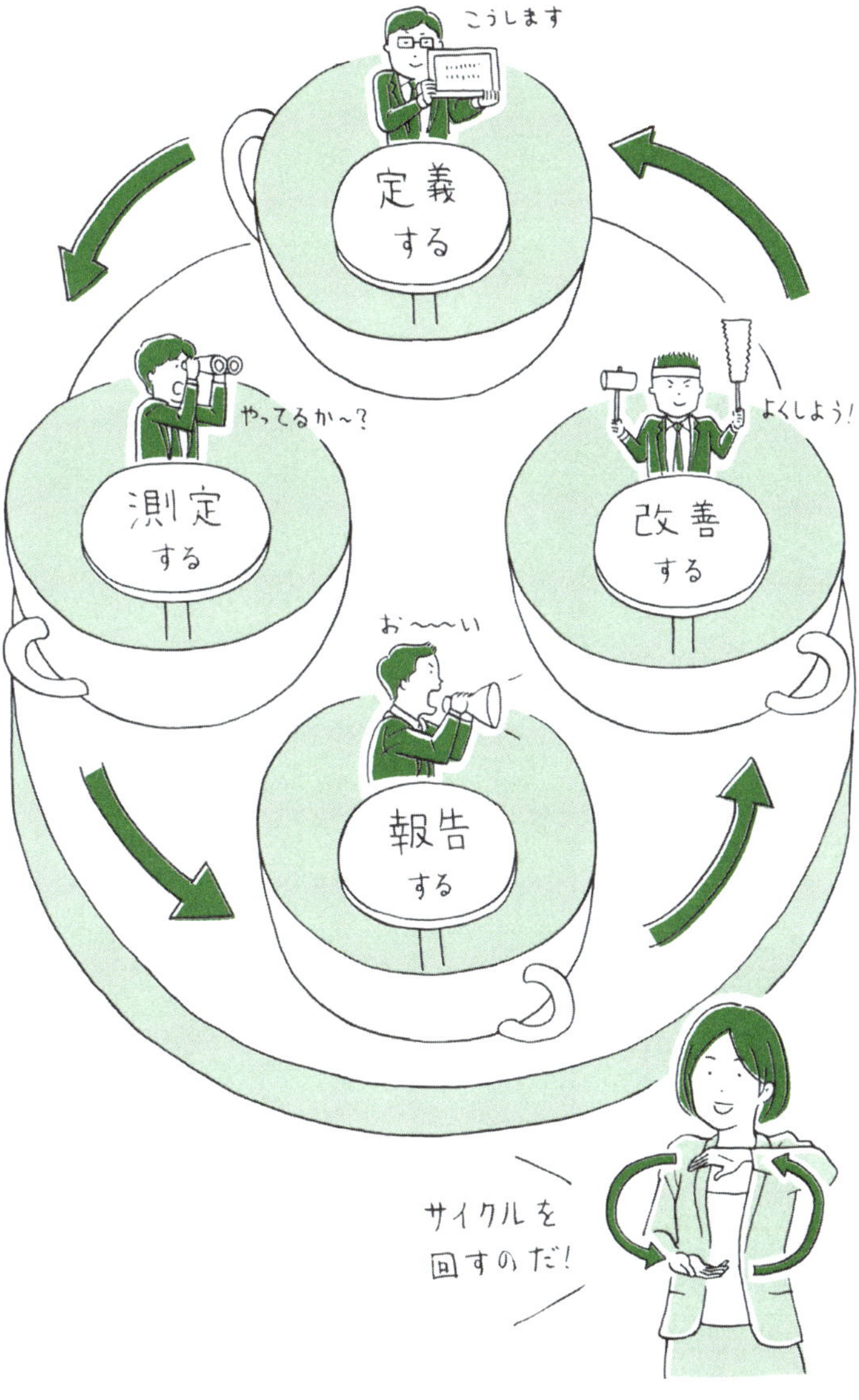

こうします
定義
する
やってるか～？
測定
する
よくしよう！
改善
する
お～～～い
報告
する
サイクルを
回すのだ！

私は、自分が主任になった当初、尊敬する課長からかけられたメッセージが忘れられません。

「沢渡くん。僕は、現場の実態がもはやわからない。だからこそ、あなたの力が必要だ。現場の真実を僕にしっかり伝えること。それがあなたの責任だよ。それをしてくれなかったら、僕はまちがった判断をするかもしれないからね。期待しています」

あの日、課長と飲んだお酒の味は今でも喉元に残っています。

真実を伝える。

そのために、何を測定して、何を報告すべきか？

悩みぬいて、実践しようではありませんか！

おわりに

～あなたの職場の問題地図を描いてみよう！「ワークライフバランス」って言葉のない社会に向けて

「当社には〝ワークライフバランス〟なんて言葉はありません」

一瞬、自分の耳を疑いました。

かつて、ある会社の中途採用の面接を受けたときのこと。部長さんからの「何か質問はありますか？」の問いに対し、私はワークライフバランス向上の取り組みについて聞いてみました。真顔で返ってきた答えがコレ。私は固まりました。いったい、どれだけ長時間労働が多くて過酷な職場なんだろうと……。

怯む私。次の瞬間、部長さんはニッコリ笑顔になり、続けます。

「……というのも、当社の社員はほぼ毎日定時で帰っていて、ワークライフバランスなんて気にする必要がないからです。無駄な会議もほとんどありません。私も入社したとき、ビックリしました」

あ、そういうこと！

思わず膝をたたく私。聞けば、皆さんたいてい18時前には帰っていて、19時過ぎても残っている人はちらほらとのコト。だからといって、定時退社日のような強制退社の制度を設定しているわけでもなく、自主的に残業するときは残業してがっつり仕事をこなしているとのことでした（後でその会社の社員にこっそり聞いて確認しました）。

「業務分担やオペレーションプロセスはきちんとしている会社だと思います。早く帰って、同僚と飲みに行ったり、趣味を楽しんだり、資格の勉強したり、家族との時間を楽しんでいる社員が多いですね。私は先週、休暇をとって小学生の子どもと海水浴してきました。ほらね」

腕をまくって、日焼けした腕を見せる部長さん。うれしそうな横顔がとても印象的でした。

その時、私は確信しました。
ほんとうにワークライフバランスが充実している職場には、そもそも「ワークライフバランス」って言葉なんて必要ないんだって。
ワークライフバランスなんて言葉のない社会。それこそあるべき姿だと思い、私は日々企業の働き方改善に取り組んでいます。

この本では、私が社員あるいはコンサルタントとして関わった企業の生々しい事象を「職場の問題地図」として描き、対策を提案しました。しかし、それはあくまで私が見聞きしてきた世界のものにすぎません。世の中、2つと同じ職場環境は存在しません。ほかにも、あなたの職場ならではの問題が必ずあるでしょう。

ぜひ、あなたの職場の問題地図を描いてみてください。

できれば、1人ではなく、上司や同僚や部下、他部署の人たちなどと一緒に、ホワイトボードや模造紙を広げて、ワークショップ形式でわいわいやることをオススメします。社外の人たちと、オープンにやってみるのも面白いですね。この本で挙げたもの以外にも、職種や業種、あるいはその会社特有の問題点を洗い出すことができることでしょう。また、世代、性別、職位、職種などの違いによる価値観の違いも浮き彫りにもなり、お互いの立場や問題意識をより理解できるようにもなります。

私は、今年から企業や団体の依頼を受けて、「職場の問題地図」を描くワークショップのファシリテータをやっています。社員だけでやるのもいいですが、社外のファシリテータを入れることで……

・自分たちだけでは得られない「気づき」や「改善点」が見えてくる
・上司や年輩のベテラン社員に言いにくいことを代弁してもらえる

など、好評です。このように、社外の客観的な目を入れるのも手ですね。

大切なのは、一緒に働いている仲間同士、膝をつきあわせてしっかり議論してみることです。

組織風土・文化・価値観・「らしさ」にあった改善をしていく。

職場の問題地図を描くワークショップ

※2016年３月に富士ゼロックスお客様共創ラボラトリー（神奈川県横浜市）で開催した時のひとコマ
http://amane-career.com/news/695.html

「変えなければいけないもの」と「変えてはいけないもの」を、現場目線で主体的に考える。

「制度」「個人スキル」だけでなく、「プロセス」と「場」にも着目する。

そうしないと、どんな素晴らしい改善策も「腹落ち」しないですし、働き方を変えてみたところで組織に定着しません。

人事部に言われるがまま、あるいはコンサルタントに言われるがまま、残業減らし制度や業務改善術だけを取り入れてもなかなかうまくいかないのは、そのためです。一時的に労働時間は減るかもしれない。しかし、どこかしらに「ひずみ」が生じる。どうもしっくりこない——そういう改善策は、やはり長続きしないのです。

「ワークライフバランス」なる言葉が最近勢いを増してきました。それを一過性の「ワークライフバランス祭り」で終わらせてしまうのか？ あるいは、やがて「ワークライフバランス」なんて言葉がなくなるくらいあたりまえなものとして定着するのか？ それは、私たち1人ひとりの意識と行動にかかっています。

このままではほんとうに、1億総活躍の社会が、1億総疲弊の社会になってしまいます。

私たちの働き方、そろそろ本気で変えましょう。

10年後、いや5年後。「ワークライフバランス」なんて言葉が世の中からなくなっていますように！

２０１６年夏　八ヶ岳の高原のロッジにて

沢渡あまね

業務プロセス＆オフィスコミュニケーション改善士

沢渡《さわたり》あまね

1975年生まれ。あまねキャリア工房 代表。業務改善・オフィスコミュニケーション改善士。日産自動車、NTT データ、大手製薬会社などを経て、2014年秋より現業。企業の業務プロセスやインターナルコミュニケーション改善の講演・コンサルティング・執筆活動などを行っている。NTT データでは、IT サービスマネージャーとして社内外のサービスデスクやヘルプデスクの立ち上げ・運用・改善やビジネスプロセスアウトソーシングも手がける。
現在は複数の企業で「働き方見直しプロジェクト」「社内コミュニケーション活性化プロジェクト」「業務改善プロジェクト」のファシリテーター・アドバイザー、および新入社員・中堅社員・管理職の育成も行う。これまで指導した受講生は1,000名以上。
著書に『新人ガール ITIL 使って業務プロセス改善します!』『新米主任 ITIL 使ってチーム改善します!』『新入社員と学ぶ オフィスの情報セキュリティ入門』(C&R 研究所) などがある。
趣味はドライブと里山カフェめぐり。
【ホームページ】http://amane-career.com/
【Twitter】https://twitter.com/amane_sawatari
【Facebook】https://www.facebook.com/amane.sawatari
【メール】info@amane-career.com

装　丁	石間淳
カバー・本文イラスト	白井匠（白井図画室）
本文デザイン・DTP	小林麻実（TYPEFACE）
編　集	傳 智之

お問い合わせについて
本書に関するご質問は、FAX、書面、下記の Web サイトの質問用フォームでお願いいたします。電話での直接のお問い合わせにはお答えできません。あらかじめご了承ください。ご質問の際には以下を明記してください。
・書籍名　・該当ページ　・返信先（メールアドレス）

ご質問の際に記載いただいた個人情報は質問の返答以外の目的には使用いたしません。お送りいただいたご質問には、できる限り迅速にお答えするよう努力しておりますが、お時間をいただくこともございます。なお、ご質問は本書に記載されている内容に関するもののみとさせていただきます。

問い合わせ先
〒162-0846　東京都新宿区市谷左内町21-13
株式会社技術評論社　書籍編集部「職場の問題地図」係
FAX：03-3513-6183　Web：http://gihyo.jp/book/2016/978-4-7741-8368-8

職場《しょくば》の問題地図《もんだいちず》

「で、どこから変《か》える？」残業《ざんぎょう》だらけ・休《やす》めない働《はたら》き方《かた》

2016年10月25日　初版　第１刷発行
2017年３月25日　初版　第11刷発行

著　者　沢渡《さわたり》あまね
発行者　片岡巌
発行所　株式会社技術評論社
東京都新宿区市谷左内町21-13
電話　03-3513-6150(販売促進部)　03-3513-6166(書籍編集部)
印刷・製本　港北出版印刷株式会社

造本には細心の注意を払っておりますが、万一、乱丁（ページの乱れ）や落丁（ページの抜け）がございましたら、小社販売促進部までお送りください。送料小社負担にてお取り替えいたします。

ISBN978-4-7741-8368-8　C0036
Printed in Japan